民法相続法の改正が
相続実務に及ぼす影響と対策

法令出版

はじめに

　私たち、トリニティグループは、法律の専門家として、日々多くのお客様の相続に対する問題や対策について相談を頂いています。

　本書は、私たちのような法律の専門家の方々を始め、税務の専門家である税理士の方々や、相続に関する相談を受けることの多い、保険セールスマンや不動産業の方にお読み頂くことを想定して執筆しました。

　今の世の中は、インターネットで検索をすれば、非常に多くの情報が手に入るため、お客様の中には、法律の知識や情報を非常に高いレベルで持っている方もいらっしゃいます。

　そんな中で私どもに求められるものは、やはり、断片的な知識ではなく、体系的な法律への理解と、それを分かりやすく説明するコミュニケーションスキルであると日々感じています。

　今回の民法改正は、大きく見ると、次の3つの視点があります。

① 　被相続人の配偶者の権利を保護する方策
　　例）配偶者居住権、特別受益の持ち戻し免除の推定等
② 　遺言の作成を促進する方策
　　例）遺言書保管法の制定、自筆証書遺言の要件緩和
③ 　相続人を含む利害関係人の実質的公平や権利関係の法的安定を図るための方策
　　例）遺留分に関する改正、相続と対抗要件の取り扱いの改正等

　これらの論点を、司法書士・行政書士として我々が日々直面している問題を踏まえて、なるべく分かりやすく説明するよう心掛けました。

本書を手に取って頂いた方にとって、今回の民法改正の理解の一助になれば幸いです。

　最後になりますが、この書籍を執筆するにあたって、法令出版株式会社の鎌田順雄氏、久保忍氏、JPコンサルタントの金子幸男氏、また、監修と一部の記事を執筆頂いた成田一正先生には、大変なご尽力を頂きました。心より感謝申し上げます。

令和元年12月

司法書士法人トリニティグループ
著者一同

目　次

第1章　配偶者の権利を保護する配偶者居住権制度とは何か

第1節　配偶者居住権 …………………………………………… 2
改正のポイント ………………………………………………… 2
旧法の取扱いと課題 …………………………………………… 2
改正の内容 ……………………………………………………… 5
　1　配偶者居住権の概要（成立要件と存続期間）　(5)
　2　配偶者居住権の効力　(9)
　3　配偶者居住権の消滅　(11)
　4　配偶者居住権の登記　(12)
　5　施行日と経過措置　(18)
実務への影響と対策 ……………………………………………18
　1　遺言で配偶者居住権を設定する場合の注意点　(18)
　2　遺言を作成することができる時点　(18)
　3　登記の必要性　(19)

第2節　配偶者居住権と税務の諸問題 ………………………… 20
　1　相続税における配偶者居住権の
　　　評価額と課税上の取扱い　(20)
　2　配偶者居住権が設定されている建物の
　　　敷地に係る小規模宅地等の特例の適用　(22)
　3　配偶者居住権の消滅時等に生じる問題点　(22)

第3節　配偶者短期居住権 ……………………………………… 24
改正のポイント …………………………………………………24

旧法の取扱いと課題……………………………………………24
　　改正の内容………………………………………………………26
　　　1　配偶者短期居住権の概要　(26)
　　　2　配偶者短期居住権の効力　(28)
　　　3　配偶者短期居住権の消滅　(30)
　　　4　施行日と経過措置　(34)
　　実務への影響と対策……………………………………………34

第2章　遺産分割に関する改正

第1節　特別受益の持戻し免除の意思表示の推定規定（903条4項）の創設 ……… 42

　改正のポイント……………………………………………………42
　はじめに……………………………………………………………42
　旧法の取扱いと課題………………………………………………44
　　1　特別受益の「持戻し」（903条1項、2項）　(44)
　　2　持戻し「免除の意思表示」（903条3項）　(50)
　　3　旧法上の課題はあったのか　(57)
　改正の内容…………………………………………………………57
　　1　持戻し免除の意思表示の「推定規定」（903条4項）　(57)
　　2　「推定規定」の要件と効果　(58)
　　3　施行日と経過措置　(61)
　実務への影響と対策………………………………………………62

第2節　遺産分割前の預貯金の払戻し制度の創設等（909条の2、家事事件手続法200条3項）……… 67

　改正のポイント……………………………………………………67
　旧法の取扱いと課題………………………………………………67
　　1　可分債権の遺産分割における課題　(67)

2　相続における預貯金債権の払戻しの取り扱いと課題　(70)
　改正の内容……………………………………………………………71
　　1　909条の2の預貯金債権の払戻し制度　(71)
　　2　家事事件手続法200条3項の仮分割の仮処分　(75)
　実務への影響と対策………………………………………………77

第3節　一部分割の明確化（907条1項、2項）……… 83
　改正のポイント………………………………………………………83
　旧法の取扱いと課題…………………………………………………83
　改正の内容……………………………………………………………84
　　1　907条の概要　(84)
　　2　施行日と経過措置　(86)
　実務への影響と対策…………………………………………………86

第4節　遺産分割前に遺産に属する財産が
　　　　　処分された場合の遺産の範囲（906条の2）……… 92
　改正のポイント………………………………………………………92
　旧法の取扱いと課題…………………………………………………92
　改正の内容……………………………………………………………94
　　1　906条の2の概要　(94)
　　2　論点　(95)
　　3　施行日と経過措置　(96)
　　4　具体例　(97)
　実務への影響と対策……………………………………………… 100

第3章　遺言に関する改正

第1節　自筆証書遺言の方式緩和……………………… 106

改正のポイント……………………………………………………… 106
　旧法の取扱いと課題………………………………………………… 106
　改正の内容…………………………………………………………… 106
　　1　財産目録における自筆要件の緩和　(106)
　　2　遺言書の訂正の方法　(110)
　実務への影響と対策………………………………………………… 116

第2節　遺言書保管法……………………………………… 120
　改正のポイント……………………………………………………… 120
　旧法の取扱いと課題………………………………………………… 120
　改正の内容…………………………………………………………… 120
　　1　自筆証書遺言の保管の申請　(120)
　　2　遺言書保管官による保管　(122)
　　3　閲覧・証明書交付請求　(124)
　　4　遺言書の検認の適用除外　(125)
　実務への影響と対策………………………………………………… 126

第3節　遺言執行者の権限の明確化……………………… 133
　改正のポイント……………………………………………………… 133
　旧法の取扱いと課題………………………………………………… 133
　改正の内容…………………………………………………………… 135
　　1　相続人の代理人である旨の規定の改正　(135)
　　2　相続させる旨の遺言があった時の権限の明確化　(135)
　　3　復任の要件を緩和　(136)
　　4　遺言執行者による遺言の内容の通知　(137)
　実務への影響と対策　……………………………………………… 138
　　1　遺留分侵害額請求の相手方　(138)
　　2　相続人の調査義務　(138)

第4章 遺留分に関する改正

第1節 遺留分減殺請求権の金銭債権化 …………… 144
改正のポイント ………………………………………… 144
旧法の取扱いと課題 …………………………………… 144
1 遺留分減殺請求権の効力（物権的効果）（144）
2 金銭による支払い（145）

改正の内容 ……………………………………………… 145
1 遺留分減殺請求権の効力の見直し
 （物件的効果から債権的効果へ）（145）
2 遺留分侵害額請求権の効力及び法的性質（148）
3 受遺者又は受贈者の負担額（150）
4 裁判所による支払い期限の許与制度の新設（151）
5 施行日と経過措置（152）

実務への影響と対策 …………………………………… 152
1 金銭債権化による共有状態の解消（152）
2 金銭債権化による資金対策の重要性の増加（153）
3 代物弁済における税金の取扱い（155）

第2節 遺留分算定方法の見直し ………………… 157
改正のポイント ………………………………………… 157
旧法の取扱いと課題 …………………………………… 157
1 相続人に対する生前贈与の取扱い（157）
2 負担付贈与の取り扱い（159）

改正の内容 ……………………………………………… 161
1 遺留分の算定方法の明文化（161）
2 遺留分侵害額の算定方法の明文化（166）
3 遺留分侵害額の算定における債務の取扱い（168）

4　施行日と経過措置　(169)
　　　実務への影響と対策……………………………………………… 169

第5章　相続人と債権者の関係の明確化

　第1節　積極財産の相続と対抗要件………………………… 176
　　改正のポイント…………………………………………………… 176
　　旧法の取扱いと課題……………………………………………… 176
　　改正の内容………………………………………………………… 182
　　実務への影響と対策……………………………………………… 187

　第2節　消極財産の相続と債権者の権利行使……………… 191
　　改正のポイント…………………………………………………… 191
　　旧法の取扱いと課題……………………………………………… 191
　　改正の内容………………………………………………………… 192
　　実務への影響と対策……………………………………………… 194

第6章　相続人以外の貢献者を守る

　　改正のポイント…………………………………………………… 200
　　旧法の取扱いと課題……………………………………………… 200
　　改正の内容………………………………………………………… 200
　　実務への影響と対策……………………………………………… 202

〈巻末資料〉　改正民法新旧対照表

第1章

配偶者の権利を保護する配偶者居住権制度とは何か

第1節　配偶者居住権

改正のポイント

- 配偶者の死亡時、生存配偶者に対して終身の間の居住権
- 配偶者居住権の成立方法は、①遺産分割協議、②遺産分割審判、③遺贈（又は死因贈与）の３つ
- 登記することができる。譲渡は不可
- 賃貸借に類似するが無償であり、相続人との契約なしに発生する法定の債権である
- 施行日は、令和２年（2020年）４月１日である。また、遺贈により配偶者居住権を取得させるためには、施行日後に遺言を行う必要があるので注意が必要である

旧法の取扱いと課題

　改正前の民法においては、配偶者の相続発生時、生存配偶者がこれまでどおりに居住建物での生活を継続することを望む場合、遺産分割において、当該不動産の所有権を取得することが一般的であると考えられていた。

　多少の地域差はあるものの、一般的に、相続財産に占める居住不動産の割合は大きく、居住建物を生存配偶者が相続することで、その他の金銭や預貯金といった財産については、生存配偶者はほとんど取得できないことが多かった。

　それによって、居住建物については取得したものの、その後の生活において金銭的に困窮してしまうケースも見られ、対策が求められていた。

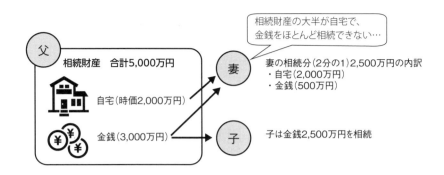

　現行民法下で考えられていた対策としては、他の相続人が居住建物を相続し、生存配偶者はその相続人との間で建物賃貸借契約を締結し、これまでどおりの居住建物での生活を確保するといった手段もあったが、継続して賃料が発生してしまい、生存配偶者にとっては大きな負担となるため、根本的な改善とまではいえなかったのが現状である。
　さらに、そもそも他の相続人との賃貸借契約が当然に締結されるという保証があるわけでもなく、対策としても不完全なものだったと言わざるを得ない。

　上記の問題点をまとめると、次に掲げる2つが大きなポイントになるだろう。
① 　一般的に生存配偶者は、これまでの居住建物に居住できないとなれば、精神的・経済的にも大きな負担がかかる可能性が高い。居住建物に住み続けられることが重要であり、居住建物の使用・収益さえできればよく、むしろ処分権までは必要がない。
② 　加えて、預貯金や金銭もある程度相続しないと生活ができない。今後の生活資金も確保する必要がある。

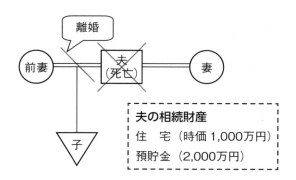

　例えば上図のような、相続人は妻と子供1人、遺産が住宅1,000万円、預貯金2,000万円である場合を考えてみる。

　まず、現行法上、法定相続分は妻2分の1、子供2分の1なので、法定相続分により遺産を相続した場合、妻が1,000万円の住宅を相続すると、預貯金は500万円しか相続できない。

　これでは妻の老後生活の生活資金が不足し、不安が残るケースが少なからず生ずる可能性がある。

　そこで今回の改正は、上記の問題点に対応できる配偶者居住権という新たな権利を創設し、妻が居住建物の使用収益権である配偶者居住権を取得できるようにし、配偶者居住権が例えば500万円（この場合、配偶者居住権の負担付所有権は残額の500万円となる）であれば、妻は配偶者居住権により、居住建物に住み続けられる上に、金融資産である預貯金をさらに1,000万円相続することが可能になるというものである。

改正の内容

1 配偶者居住権の概要（成立要件と存続期間）

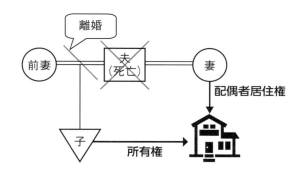

(1) 配偶者居住権とは

　配偶者居住権とは、被相続人の配偶者が、被相続人の財産に属した建物に相続開始時に居住しており、かつ、次のいずれかに該当する場合、その居住建物の全部について、無償で使用及び収益をすることができる権利である（新法1028条）。

　① 遺産分割により、生存配偶者が配偶者居住権を取得するものとされたとき
　② 配偶者居住権が遺贈の目的とされたとき

　①の遺産分割には、遺産分割の協議のみならず、遺産分割の審判も含まれる。ただし、遺産分割の審判によって配偶者居住権を取得させるためには一定の制限があり（新法1029条）、これについては、(2)において後述する。
　②の遺贈の規定は、死因贈与に準用される。民法554条は、死因贈与についてはその性質に反しない限り、遺贈に関する規定を準用するとしているからである。したがって、死因贈与契約によっても、配偶者居住権を取得させることができる。

なお、被相続人が相続開始時に、配偶者以外の者と居住建物を共有していた場合は、配偶者居住権は発生しない（新法1028条1項但書）。そのような場合にまで配偶者居住権の発生を認めてしまうと、他の共有者の権利が害されるからである。

　被相続人が、配偶者と居住建物を共有していた場合には、配偶者居住権を成立させることができる。

【考察①】相続発生時に居住していなかったときはどうなる？

　「相続発生時に居住しており」という要件に関して、例えば、相続発生時に配偶者が入院をしており、居住建物内で生活をしていなかった場合はどうなるのか、といった論点が考えられる。

　「居住していた」か否かは、居住建物が配偶者の生活の本拠であったといえるかどうかによる。この点、入院により相続開始の時点において居住建物にいなかったとしても、退院後にその居住建物に戻ることが予定されており、なおかつ配偶者の家財道具が居住建物内に残されているなど、未だ生活の本拠として認められるような場合には、配偶者は依然としてその居住建物に「居住していた」ということができ、配偶者居住権が認められるものと考えられる。

【考察②】特定財産承継遺言では、配偶者居住権は設定できない？

　配偶者居住権の要件につき定める新法1028条1項2号には、「配偶者居住権が遺贈の目的とされたとき」としており、あくまでも「遺贈の」場合に限定されている。

　したがって、被相続人が遺言によって配偶者に配偶者居住権を取得させるためには、遺贈であることを要し、特定財産承継遺言（1014条2項、いわゆる相続させる旨の遺言、遺産分割方法の指定として遺産に属する特定の財産を共同相続人の1人または数人に承継させる旨の遺言をいう。）によることはできない。

その理由としては、配偶者が配偶者居住権を相続することを仮に望まない場合に、特定財産承継遺言によって配偶者に配偶者居住権を相続させることが認められてしまうと、配偶者は相続放棄をする以外に、配偶者居住権を相続しないための選択肢がなく、そうすると配偶者居住権のみならずその他の財産も一切相続しないという形になってしまい、配偶者の利益を害するおそれがあるからである。

※　仮に、遺言者があえて配偶者居住権を目的とした特定財産承継遺言をした場合には、その部分は形式上無効ということになるが、通常、遺言者があえて無効な形式で遺言を残すということは遺言者の意思解釈として合理的ではない。判例は、遺言の解釈にあたっては、遺言書の文言を形式的に判断するだけではなく、遺言書全体や遺言者の置かれていた状況を考慮して、遺言者の真意を探究すべきとしており（最判昭和58年3月18日）、例えば特定財産承継遺言の中で、「配偶者に対し配偶者居住権を相続させる」という記載があった場合、この部分につき遺言者の合理的な意思解釈として、例外的に「遺贈」として取り扱われる余地もあるとはいえる。しかし条文上、原則は無効であるから、遺言によって配偶者居住権を取得させるためには、「遺贈」とするよう注意する必要がある。

　また、第2章においても述べるが、特別受益の持戻し免除の意思表示の推定規定（民法903条4項）は、配偶者居住権の遺贈にも準用される（新法1028条3項）。
　903条4項は、婚姻期間が20年以上の夫婦の一方である被相続人が、他方の配偶者に対し、その居住の用に供する建物又はその敷地について遺贈又は贈与をしたときは、特別受益の持戻し免除の意思表示をしたものと推定するものであるが、同様の場合に、被相続人

が配偶者居住権を遺贈したときも、持戻し免除の意思表示が推定されることとなる。

(2) 家庭裁判所の審判による配偶者居住権の取得
　家庭裁判所は、遺産分割の審判の申立てがあった場合においては、次に掲げる場合に限り、その審判において配偶者居住権を取得する旨を定めることができる（新法1029条）。
① 相続人間において、配偶者が配偶者居住権を取得することについて合意が成立しているとき
② 配偶者が家庭裁判所に対し、配偶者居住権の取得を希望する旨の申し出をした場合において、居住建物の所有者の受ける不利益の程度を考慮してもなお、配偶者の生活を維持するために特に必要があると認めるとき

　上記①、②のような制限が設けられた理由としては、居住建物の所有者が、配偶者居住権の設定に反対しているような場合において、遺産分割の審判によって配偶者が配偶者居住権を取得するものとしてしまうと、遺産分割に関する紛争が解決した後にも、その後の生活の中で配偶者と居住建物の所有者との間で紛争が生ずる可能性が高いため、そのようなおそれのない場合か、そのようなおそれがある場合には、それに優先する特別の事情がある場合に限って認めるべきであるからである。

(3) 配偶者居住権の存続期間
　配偶者居住権の存続期間は、原則として配偶者の終身の間まで（新法1030条本文）とされているが、例外的に遺産分割の協議若しくは遺言に別段の定めがあった場合、又は家庭裁判所により遺産分割の審判において別段の定めがなされた場合には、その定めるところによるとされる（新法1030条但書）。つまり、すべての場合に終

身の間の権利が保障されているわけではない点に注意が必要である。

2 配偶者居住権の効力
(1) 妨害停止請求
　配偶者居住権が登記された場合（配偶者居住権の登記については、後掲4参照）には、居住建物に関して配偶者が占有を妨害されているとき、妨害停止請求をすることができる。居住建物について、第三者に占有されている場合には、返還請求をすることもできるとされている（新法1032条2項・605条の4）。

(2) 用法遵守義務・善管注意義務
　配偶者は居住建物に関して、従前の用法に従って、善良な管理者の注意をもって、使用及び収益をする義務を負う（新法1032条1項本文）。従前に、居住の用に供していなかった部分がある場合、従前の用法に従えば当該部分を居住の用に供することができないこととなるが、配偶者の居住権を保護する制度趣旨からして不合理であるため、そのような場合のみ例外的に新たに居住の用に供することは妨げられないとされた（新法1032条1項但書）。

(3) 譲渡禁止
　配偶者居住権は譲渡することができない（新法1032条2項）。

(4) 建物の増改築・第三者による使用収益
　配偶者は、居住建物の所有者の承諾を得なければ、居住建物の増改築、又は第三者に居住建物の使用収益をさせることができない（新法1032条3項）。

　逆にいえば、所有者の承諾を得ることにより、配偶者は、居住建物を第三者に転貸することが可能であり、賃料を受け取ることもで

きる。配偶者が介護施設に入居するなどの理由で、居住建物に居住しなくなった場合でも、配偶者居住権を活用することができるということになる。

(5) 建物の修繕

配偶者は、居住建物の使用及び収益に必要な修繕をすることができる（新法1033条1項）。

居住建物に修繕が必要である場合において、配偶者が相当の期間内に必要な修繕をしないときは、居住建物の所有者は、その修繕をすることができる（新法1033条2項）。

居住建物が修繕を要するとき（新法1033条1項により配偶者が自ら修繕をする場合を除く。）、または居住建物について権利を主張する者があるときは、配偶者は居住建物の所有者に対し、遅滞なくその旨を通知しなければならない。ただし、居住建物の所有者が既にこれを知っているときは、この限りでない（新法1033条3項）。

(6) 費用負担

配偶者は、居住建物の通常の必要費を負担する（新法1034条1項）。

民法583条2項（買戻しの実行）の規定は、この通常の必要費以外の費用について準用する（新法1034②）。

つまり、固定資産税・都市計画税といった通常の必要費は配偶者が負担することになり、これ以外の支出については、配偶者は建物所有者に対して、非常時の修繕費や有益費はこの価格が現存する場合のみ、建物所有者の選択に従って、支出又は増加額を請求することができる。ただし、有益費については、建物所有者の請求によって裁判所が、その請求について相当の期限を付与することができる（196条）。

3 配偶者居住権の消滅

配偶者居住権の消滅に関しては、賃借権や使用貸借の規定が準用されている。

(1) 消滅の原因
① 用法遵守義務・善管注意義務違反

配偶者は、前述の用法遵守義務・善管注意義務について違反があった場合において、相当の期間を定めてその是正の催告をし、その期間内に是正がされないときは、建物の所有者は配偶者に対して意思表示をすることによって配偶者居住権を消滅させることができる（新法1032条4項）。

② 期間の満了

配偶者居住権の存続期間は、原則として配偶者の終身の間まで（新法1030条本文）とされているが、例外的に遺産分割の協議若しくは遺言に別段の定めがあった場合、又は家庭裁判所により遺産分割の審判において別段の定めがなされた場合には、その定めるところによるとされる（新法1030条但書）。

つまり、すべての場合に終身の間の権利が保障されているわけではない点に注意が必要である。

配偶者居住権の期間が満了した場合、もしくは配偶者居住権を認められた配偶者が死亡した場合には、配偶者居住権は消滅する（新法1036条、597条）。

(2) 配偶者居住権消滅の効果
① 居住建物の返還

配偶者は、配偶者居住権が消滅した場合には居住建物を返還しなければならない。

ただし、居住建物について配偶者が共有持分を有する場合に

は、居住建物の所有者は、配偶者居住権が消滅したことを理由に居住建物の返還を求めることはできない（新法1035条1項）。

② 原状回復義務

配偶者は、配偶者居住権が消滅し、居住建物を返還する際には、相続開始の後に居住建物に付属させたものを撤去する義務を負う。ただし、居住建物から分離することができない物又は分離するのに過分の費用を要する物についてはこの限りでない（新法1035条2項、599条）。

加えて、配偶者は、配偶者居住権が消滅し、居住建物を返還する際には、相続開始の後に居住建物に生じた損傷を現状に回復する義務を負う。

ただし、その損傷が配偶者の責めに帰することができないものであるときには、この限りでない（新法1035条2項、621条）。

配偶者が善良な管理者の注意義務や用法遵守義務に違反する使用、収益により生じた損害の賠償及び配偶者が支出した費用の償還は、居住建物が返還された時から1年以内に請求しなければならない（新法1036条、600条）。

4 配偶者居住権の登記

(1) 設定の登記

① 配偶者居住権の登記の概要

居住建物の所有者は、配偶者居住権を取得した配偶者に対し、配偶者居住権を当該建物に設定する登記を備えさせる義務を負うとされる（新法1031条1項）。

また、民法605条（不動産賃借権の対抗要件）の規定は、配偶者居住権にも準用され、第三者に対して対抗することができる（新法1031条2項）。

② 設定登記の登記事項

改正後の不動産登記法81条の2（配偶者居住権の登記の登記事項）において、権利の登記共通の登記事項に加え、次の事項が登記事項となる。

・存続期間
・第三者に居住建物の使用又は収益をさせることを許す旨の定めがあるときは、その定め

配偶者居住権の存続期間は、原則として配偶者の終身の間とされており、遺産分割等で別段の定めがあったとしても、存続期間中に配偶者が死亡した場合にはその時点で終了する。

したがって、配偶者居住権の登記の登記事項である「存続期間」は、別段の定めがない場合は「配偶者の死亡時まで」、別段の定めがある場合は「〇年〇月〇日から×年×月×日、又は配偶者の死亡時までのうち、いずれか短い期間」と登記にて公示しておくと考えられる。

③ 設定登記の登録免許税

配偶者居住権の設定の登記については、居住建物の価額（固定資産税評価額）に対し1,000分の2の税率により登録免許税が課税される。

④ 登記以外の対抗要件

配偶者居住権を第三者に対抗する方法として、登記以外の方法は考えられるだろうか。

建物の賃借権の場合、賃借人の権利に対抗力を持たせるためには、登記を経る以外に借地借家法31条の要件を満たす方法がある。

借地借家法31条は、賃借人が建物の引き渡しを受けていれば、

賃借権を引き渡し以後にその建物について物権を取得した者に対抗することができるとする民法の対抗要件の特例である。
しかし、配偶者居住権には、同条の適用はない。
したがって、配偶者居住権について対抗要件を備えるためには、登記を経るしかないこととなる。

(2) 抹消の登記
① 配偶者の死亡による消滅
　配偶者の死亡により配偶者居住権が消滅した場合には、配偶者居住権の抹消登記を申請することとなる。
　配偶者居住権の登記には、存続期間として、「配偶者の死亡時まで」等と登記されており、(前述 (1) ②参照) この存続期間が配偶者の死亡により満了するため、抹消の登記を申請することとなる。
　この抹消登記申請は、誰から申請を行うべきであろうか。
　不動産登記法69条において、「権利が人の死亡（略）によって消滅する旨が登記されている場合」には、権利者による単独申請により、当該権利の抹消登記を申請することができると定めているため、配偶者居住権が配偶者の死亡により消滅した場合、権利者（居住建物の所有者）から、単独申請により抹消登記を申請することができる。

② 配偶者の死亡以外の原因による消滅
　所有者からの消滅請求や、遺産分割協議にて定めた存続期間の満了などにより配偶者居住権が消滅する場合には、配偶者居住権の抹消登記申請を行うこととなる。
　この場合の申請は、居住建物の所有者が登記権利者、配偶者が登記義務者となり、共同申請で配偶者居住権の抹消登記を申請することとなる（不動産登記法60条）。

【考察③】配偶者が認知症になった後、不動産を売却したくなったら？
　配偶者居住権は、配偶者保護という趣旨で創設されたものであり、通常、下図（図1）のような実の親子間において配偶者居住権が必要とされるケースはそれほど多くないことが予想される。なぜならば、実の親子間で、子が母親の自宅の居住権を排除しようとすることは、想定しづらいからである。
（図1）

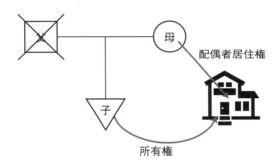

　配偶者居住権が必要とされる典型事例は、下図（図2）のような「相続人（建物所有者）である前妻の子」と「相続発生時の妻」との関係においてであろう。
　このケースについて、具体的に検討してみる。
（図2）

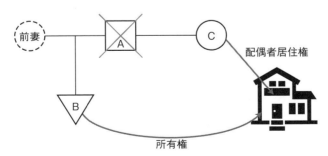

被相続人：A、前妻の子：B、配偶者：C

上記（図2）のとおり、前妻との子Bに所有権が相続され、相続発生時の妻Cに配偶者居住権が設定され、登記も備えられていたとする。

　しかし数年後、配偶者が認知症を発症、独居も難しくなり施設に入居することとなった。

　同時に大きな病気も見つかったため入退院を繰り返し、施設と病院での生活が数年続き、自宅へ戻ることはもうないと判断された。

　この時、前妻の子Bとしては、Cとの関係において血縁関係はないものの、特に対立しているわけではなく、BがCの生活を案じて、配偶者居住権の設定された居住建物を第三者へ売却したうえ、配偶者居住権相当の金額をCに交付し、生活資金に充てることを考えた。

　この場合、登記手続きとしては、不動産の売買による第三者への所有権移転登記に先立ち、Cを登記義務者、Bを登記権利者とする配偶者居住権の抹消登記を行う必要がある。

　しかし、権利者である配偶者Cは認知症を発症しているため、正常な判断能力を喪失しており、登記申請を行うことができない状態となっている。

　このような場合には、配偶者居住権の抹消登記を行うためだけに、配偶者のために後見人の選任が必要となり、後見人への報酬の支払いなど、配偶者Cにとっての負担が増加してしまうという懸念がある。

　配偶者居住権を設定する際には、このような事例を想定して、配偶者を委任者とする任意後見契約を締結し、本人の意思を反映し辛い法定後見制度の利用を避ける手立ても考えておく必要があるといえる。

【考察④】借地権上の建物に配偶者居住権は設定できるか？

　条文上では特に言及はされていないが、法定の要件を満たせば、借地権上の建物について配偶者居住権を設定することも可能である。

　借地上の建物に配偶者居住権が設定される場合、特に、次の2点が問題となる。

① 　土地の地代の負担義務の帰属

　　借地上の建物に配偶者居住権が設定される場合、土地の地代は、借地権者である建物所有者か、配偶者のどちらがすべきだろうか。

　　「配偶者は、居住建物の通常の必要費を負担する」とされている（新法1034条1項）。土地の地代は、建物を使用するうえでの通常の必要費に該当すると考えられるため、配偶者が負担すべきであると考えられる。

② 　配偶者居住権の存続期間より、借地権の存続期間が先に満了し、借地権が消滅した場合の効果

　　旧借地法では、その契約期間として一般的な居住建物のような非堅固建物の場合は最低20年とされており、実務上、20年ごとに1度更新が行われ、更新後の存続期間も20年とされることが多い。

　　配偶者居住権の存続期間は特段の定めがない場合は配偶者の終身の間であることから、借地権の存続期間を越えた期間に及ぶ配偶者居住権が設定される場合も想定される。

　　このような場合において、借地権者が借地契約の更新を行わず、借地権が存続期間満了により消滅した場合、当然それに付随した配偶者居住権についても消滅することになると考えられる。

5　施行日と経過措置

配偶者居住権に関する規定（新法1028条～1036条）の施行日は、令和2年（2020年）4月1日である。

その適用にあたっては、施行日後に開始した相続について適用することとされ、施行日前に開始した相続については、旧法が適用される（改正法附則10条1項）。

また、配偶者居住権に関する規定は、施行日前にされた遺贈については適用しないものとされている（改正法附則10条2項）ため、施行日前に配偶者居住権を遺贈する旨の遺言を行っても当該部分は無効となるため、注意が必要である。遺贈により配偶者居住権を取得させるためには、施行日後に遺言を行う必要がある。

実務への影響と対策

1　遺言で配偶者居住権を設定する場合の注意点

配偶者居住権を遺言で設定する場合には、配偶者居住権を「遺贈の目的と」する必要があり（新法1028条1項2号）、遺言書の表記も「遺贈する」と記載する必要がある。

配偶者居住権を「相続させる」旨の遺言が作成された場合、形式的には無効と取り扱われるため、遺言の作成の際は注意が必要である。なお、この論点については、前述「改正の内容」の【考察①】にて詳解している。

2　遺言を作成することができる時点

配偶者居住権に関する規定は、施行日前にされた遺贈については適用しないものとされている（改正法附則10条2項）。

したがって、施行日前に配偶者居住権を遺贈する旨の遺言を行っても当該部分は無効となるため、注意が必要である。

遺贈により配偶者居住権を取得させるためには、施行日後に遺言を

行う必要がある。

なお、当該規定の施行日は、令和2年4月1日と予定されている。

3 登記の必要性

　配偶者居住権の登記は、配偶者居住権の成立要件ではない。

　しかし、登記は、配偶者居住権の唯一の対抗要件であるため、配偶者居住権が成立した場合は、必ず登記を行うべきである。

　例えば、建物の所有者が第三者に対し建物を売却した場合、配偶者は、第三者（建物の取得者）に対し、配偶者居住権を対抗することはできない。このような場合、配偶者は新所有者から建物明渡を求められた場合、拒否することができない。

第2節　配偶者居住権と税務の諸問題

1　相続税における配偶者居住権の評価額と課税上の取扱い
（1）　相続税法の評価

相続税法は相続税・贈与税における財産の評価額について、原則として、財産を取得した時における「時価」によることのみを定め（相続税法22条）、具体的財産評価については、「財産評価基本通達」により評価するものとされている。しかし配偶者居住権については、時価を把握することが困難である等の理由により、相続税法22条の"時価"によるのではなく、評価方法が法定された（相続税法23条の2）。

民事上の評価については、前節で述べたような評価になることがあっても、相続税法の評価については評価額が法定されることになる。

（2）　具体的な算定方法
＜建物＞
イ　配偶者居住権付建物の価額（所有権の価額）

$$固定資産税評価額 \times \frac{耐用年数 - 経過年数 - 存続年数}{耐用年数 - 経過年数} \times 残存年数に応じた民法の法定利率(年3\%)による複利現価率$$

ロ　配偶者居住権の価額

　　固定資産税評価額　－　配偶者居住権付建物の価額

＜宅地＞
イ　配偶者居住権付敷地の価額（所有権の価額）

$$\begin{array}{c}\text{相続税}\\\text{評価額}\end{array} \times \begin{array}{c}\text{残存年数に応じた民法の法定}\\\text{法定利率による複利原価率}\end{array}$$

ロ　配偶者居住権に基づく敷地利用権の価額

　　相続税評価額　－　配偶者居住権付敷地の価額

(注1) 上記の「建物の時価」及び「土地等の時価」は、それぞれ配偶者居住権が設定されていない場合の建物の時価又は土地等の時価とする。なお、この「時価」とは、建物の一部が賃貸されている場合又は被相続人が相続開始の直前においてその建物を配偶者と共有している場合には、その建物のうち賃貸の用に供されていない部分又は被相続人の持分の割合に応ずる部分の価額となる。

(注2) 上記の「残存耐用年数」とは、居住建物の所得税法に基づいて定められている耐用年数（住宅用）に1.5を乗じて計算した年数から居住建物の築後経過年数を控除した年数をいう。

(注3) 上記の「存続年数」とは、次に掲げる場合の区分に応じそれぞれ次に定める年数をいう。

　　（イ）　配偶者居住権の存続期間が配偶者の終身の間である場合
　　　　配偶者の平均余命年数（厚生労働省完全生命表：四捨五入）

　　（ロ）　（イ）以外の場合　遺産分割協議等により定められた配偶者居住権の存続期間の年数（配偶者の平均余命年数を上限とする。）

(注4) 残存耐用年数又は残存耐用年数から存続年数を控除した年数が零以下となる場合には、上記イの「（残存耐用年数－存続年数）／残存耐用年数」は、零とする。

(注5)「民法の法定利率」は、当面3％とされている（令和2年（2020年）年4月1日以後）。

（3）適用時期

この改正の適用時期は、配偶者居住権が導入される令和2年（2020年）4月1日以後に相続又は遺贈により取得する財産に係る相続税について適用される。

2　配偶者居住権が設定されている建物の敷地に係る小規模宅地等の特例の適用

小規模宅地等の特例は、土地及び土地の上に存する権利を対象としているため、配偶者居住権の基づく宅地（敷地）の利用権についても同特例が適用できる（租税特別措置法69条の4）。

3　配偶者居住権の消滅時等に生じる問題点
（1）配偶者居住権の死亡による消滅

配偶者居住権は配偶者の死亡で当然に消滅し、建物所有者の負担も消滅する。一般的にはこのような負担が解消された場合には、増加した分に関して課税が生じる可能性がある。しかし、課税上配偶者居住権の消滅があっても、建物所有者は相続時に取得した以上の価値は取得しないので、建物所有者に純資産の増加はなく、建物所有者が課税されることはない。

この理由について、「令和元年度　税制改正の解説」（財務省）では、以下のように述べている。

> 『配偶者が死亡した場合……居住建物の所有者はその居住建物について使用収益ができるものとなりますが、民法の規定により（予定どおり）配偶者居住権が消滅するものであり、配偶者から居住用建物の所有者に相続を原因として移転する財産はありませんので、相続税の課税関係は生じません（配偶者居住権の存続期間が終身ではなく、例えば10年といった有期で設定されて

存続期間が満了した場合も、同様に贈与税の課税関係は生じません。）。』（財務省「令和元年度　税制改正の解説」）。

（2）配偶者居住権が期間の中途で合意解除、放棄等があった場合

　配偶者居住権は、当初設定した存続期間をその中途で変更することができないと解されているが、配偶者が放棄をすること、配偶者と所有者との間の合意により解除することが可能と解される。

　配偶者居住権の存続期間の満了前に何らかの事由により配偶者居住権が消滅することとなった場合には、居住建物の所有者は期間満了前に居住建物の使用収益ができることとなる。これは、配偶者居住権が消滅したことにより所有者に使用収益する権利が移転したものと考えられることから、相続税法9条の規定により配偶者から贈与があったものとみなして居住建物の所有者に対して贈与税が課税される。

　この場合、その消滅直前に、配偶者が有していたその配偶者居住権の価額に相当する利益に相当する金額が、その配偶者から贈与によって取得したものとされる（相続税法基本通達9-13の2）。

（3）配偶者より先に所有者が死亡した場合

　配偶者より先に居住建物の所有者が死亡した場合には、居住建物の所有権部分について所有者の相続人に相続税が課されることとなる。所有者が亡くなったとしても、配偶者居住権は存続中である。そこで、所有者の相続開始時の評価額は、配偶者居住権の設定時と同様に所有権部分を評価することが考えられる（居住建物の敷地についても同様である。）。（財務省「令和元年度　税制改正の解説」）。

第3節　配偶者短期居住権

改正のポイント

- 配偶者居住権を取得しない場合においても、居住建物につき、退去のための猶予として以下の区分に応じる日までの、最低6か月間の短期の居住権を認めるものである。
  ① 遺産分割が必要な場合
  ⇒ 相続開始後6か月以内に遺産分割が終了した場合
  　相続開始後6か月を経過する日まで
  ⇒ 相続開始後6か月経過後に遺産分割が終了した場合
  　遺産分割の終了の日まで
  ② それ以外の場合（すべての遺産につき遺言がなされていた場合等）
  　居住建物取得者から居住権消滅の申入れのあった日から6か月を経過する日まで
- 使用貸借に類似した法定の債権であり、相続人との契約なしに発生する。
- 施行日は、令和2年（2020年）4月1日である。

旧法の取扱いと課題

　配偶者短期居住権の創設の趣旨及び目的は、第1節で述べた配偶者居住権と同じく、配偶者の居住権を保護することである。

　特に、配偶者短期居住権については、その創設の背景に大きな影響を与えた判例がある。

　同居している夫婦のうち、自宅不動産を所有している夫が死亡し

た。

　この自宅不動産は、同居している被相続人の妻を含む複数名の相続人間で行われる遺産分割協議の対象となった。遺産分割協議が成立するまでの間も、妻は、自宅不動産に居住し続けることとなるが、特に居住に関する対価を負担していなかった。

　この場合、自宅不動産は、遺産分割協議の成立まで相続人全員に遺産共有されることとなるが、被相続人の妻が無償で居住し続けることが、他の相続人との間で不当利得に該当するのではないかが争われた。

　この問題に対し、最高裁は下記のような見解を示している。

> 「共同相続人の一人が相続開始前から被相続人の許諾を得て遺産である建物において被相続人と同居してきたときは、特段の事情のない限り、被相続人と右同居の相続人との間において、被相続人が死亡し相続が開始した後も、遺産分割により右建物の所有関係が最終的に確定するまでの間は、引き続き右同居の相続人にこれを無償で使用させる旨の合意があったものと推認されるのであって、被相続人が死亡した場合は、この時から少なくとも遺産分割終了までの間は、被相続人の地位を承継した他の相続人等が貸主となり、右同居の相続人を借主とする右建物の使用貸借契約関係が存続することになるものというべきである。けだし、建物が右同居の相続人の居住の場であり、同人の居住が被相続人の許諾に基づくものであったことからすると、遺産分割までは同居の相続人に建物全部の使用権原を与えて相続開始前と同一の態様における無償による使用を認めることが、被相続人及び同居の相続人の通常の意思に合致するといえるからである。」（最三判平成8年12月17日）

　上記の判例では、配偶者に限らず、共同相続人の一人が被相続人の

許諾を得て相続財産である居住建物にて被相続人と同居していた場合には、無償での使用貸借関係が相続開始から遺産分割終了時までの期間にあったと推測するものである。

しかし、上記の判例での最高裁の解釈だけでは配偶者保護が十分であるとはいえない。

例えば、第三者に対して被相続人が居住建物を遺贈した場合には、居住者である配偶者は当該居住建物に関する使用貸借権を第三者（受遺者）に対抗できない。

また、被相続人が、相続開始から遺産分割終了時までの無償での使用貸借関係の存在に対して、反対の意思表示をしていた場合は、当然配偶者との使用貸借契約は推定されない。

そこで今回の改正により、被相続人が居住建物を遺贈した場合や反対の意思を表示していた場合等でも、相続開始後最低6か月間は配偶者が配偶者短期居住権により居住建物に居住することが可能になる規定が創設された。

改正の内容

1 配偶者短期居住権の概要

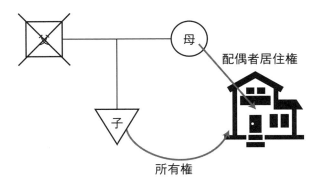

(1) 成立要件

　配偶者短期居住権は、配偶者が「被相続人の財産に属した建物に相続開始の時に無償で居住していた場合」に成立する（新法1037条1項）。

　ただし、次に掲げる場合は、配偶者短期居住権は成立しない。
- 配偶者が、相続開始の時において居住建物に係る長期配偶者居住権を取得したとき
- 配偶者が、相続欠格事由に該当し、又は廃除によってその相続権を失ったとき

(2) 存続期間

　配偶者は、被相続人の財産に属した建物に相続開始の時に無償で居住していた場合には、次の(ア)、(イ)に応じてそれぞれに定める日までの間、その居住していた建物の所有権取得者に対し、居住建物について無償で使用する権利を有する（新法1037条1項）。

(ア) 居住建物について配偶者を含む共同相続人間で遺産の分割をすべき場合
→ 遺産の分割により居住建物の帰属が確定した日、又は相続開始の時から6か月を経過する日のいずれか遅い日

(イ) (ア)に掲げる場合以外の場合（配偶者が居住建物を第三者に遺贈し、又は遺産分割方法の指定を行った場合）
→ 居住建物取得者（※）からの消滅の申入れの日から6か月を経過する日

※ 居住建物取得者とは、居住建物を相続又は遺贈により取得した者のことであり、配偶者短期居住権がなければ、配偶者に対し建物の明け渡しを求める立場にある。

2 配偶者短期居住権の効力

(1) 無償使用と妨害行為の禁止

配偶者短期居住権が成立すれば、配偶者は、無償で居住建物を使用する権利を有する。

また、「居住建物取得者は、第三者に対する居住建物の譲渡その他の方法により配偶者の居住建物の使用を妨げてはならない。」（新法第1037条2項）とされているため、居住建物取得者は、第三者に居住用建物を売却する等の行為が禁止されている。

もっとも、配偶者短期居住権は、第三者にその権利を対抗することができないため、居住建物取得者が禁止規定に違反し、第三者に居住建物を売却した場合には、配偶者は、建物の買主に対して、配偶者短期居住権を対抗することはできない。

(2) 用法遵守義務・善管注意義務

「配偶者（配偶者短期居住権を有する配偶者に限る。）は、従前の用法に従い、善良な管理者の注意をもって、居住建物の使用をしなければならない。」（新法1038条1項）とされ、配偶者には、善管注意義務が課されている。

また、「配偶者は、居住建物取得者の承諾を得なければ、第三者に居住建物の使用をさせることができない。」（新法1038条1項）とされているが、逆に言えば、所有者の承諾を得れば、第三者に使用させることも可能である点で、長期配偶者居住権と同様である。

(3) 譲渡禁止

配偶者短期居住権は、譲渡することができない（新法1041条において準用する1032条2項）。

(4) 第三者による使用

配偶者は、居住建物の所有者の承諾を得なければ、第三者に居住

建物の使用させることができない（新法1038条2項）。

　長期配偶者居住権の規定と異なり、無断での増改築を禁止する旨の規定がない。

　しかし、配偶者短期居住権者においても、用法遵守義務の一環として、無断での増改築はできないと解される。

　長期配偶者居住権の規定に、特に無断での増改築を禁止する規定があるのは、長期配偶者居住権者は、従前に居住の用に供していなかった部分を居住の用に供することが認められている（新法1032条1項）が、そのような用法変更に乗じて配偶者が無断で増改築を行うことを特に禁止するという趣旨である。

(5)　建物の修繕

　配偶者は、居住建物の使用及び収益に必要な修繕をすることができる。

　居住建物に修繕が必要である場合において、配偶者が相当の期間内に必要な修繕をしないときは、居住建物の所有者は、その修繕をすることができる。（新法1041条・1033条2項）

　居住建物が修繕を要するとき（上記（2）により配偶者が自ら修繕をする場合を除く。）、又は居住建物について権利を主張する者があるときは、配偶者は居住建物の所有者に対し、遅滞なくその旨を通知しなければならない。ただし、居住建物の所有者が既にこれを知っているときは、この限りでない（新法1033条3項）。

(6)　費用負担

　配偶者は、居住建物の通常の必要費を負担する。費用負担の論点については、長期配偶者居住権と同様である（新法1041条・1034条1項）。

3 配偶者短期居住権の消滅

(1) 消滅事由

配偶者居住権は、①存続期間の満了、②配偶者による長期配偶者居住権の取得、③配偶者の死亡、④居住用建物の全部滅失 などの事由により消滅する。

① 存続期間の満了

前述のとおり、配偶者短期居住権の存続期間は、(ア)(イ)の場合分けに従い、次のように定められている。
(ア) 居住建物について配偶者を含む共同相続人間で遺産の分割をすべき場合
→ 遺産の分割により居住建物の帰属が確定した日、又は相続開始の時から6か月を経過する日のいずれか遅い日
(イ) (ア)に掲げる場合以外の場合（被相続人が居住建物を第三者に遺贈し、または遺産分割方法の指定を行った場合）
→ 居住建物取得者からの消滅の申入れの日から6か月を経過する日

ここでは特に、(ア)の場合の「居住建物取得者による消滅請求」について解説する。

居住建物が遺贈の対象にされた場合など、配偶者が居住建物の遺産共有持分を有しない場合には、居住建物の所有者は、いつでも、配偶者に対して、配偶者短期居住権の消滅の申し入れを行うことができる（新法1037条3項）。

この消滅の申し入れがあった日から、6カ月が経過すると配偶者短期居住権は消滅する（新法1037条1項2号）。

② 配偶者による長期配偶者居住権の取得

配偶者が長期配偶者居住権を取得した場合には、もはや配偶者

短期居住権は必要がないため、消滅する（新法1039条）。

③　配偶者の死亡　及び　④　居住用建物の全部滅失
　これらの事由が生じた場合にも、配偶者居住権は消滅する。

（2）消滅の効果
① 居住建物の返還
　配偶者は、新法第1039条に規定する場合を除き、配偶者短期居住権が消滅したときは、居住建物の返還をしなければならない。ただし、配偶者が居住建物について共有持分を有する場合は、居住建物取得者は、配偶者短期居住権が消滅したことを理由としては、居住建物の返還を求めることができない（新法第1040条）。

② 原状回復義務
　配偶者は、配偶者短期居住権が消滅し、居住建物を返還する際には、相続開始の後に居住建物に付属させたものを撤去する義務を負う。ただし、居住建物から分離することができない物又は分離するのに過分の費用を要する物についてはこの限りでない（新法1040条2項、民法599条）。
　加えて、配偶者は、配偶者短期居住権が消滅し、居住建物を返還する際には、相続開始の後に居住建物に生じた損傷を現状に回復する義務を負う。
　ただし、その損傷が配偶者の責めに帰することができないものであるときには、この限りでない（新法1040条、民法621条）。

【考察⑤】配偶者が被相続人の財産に属した建物に、相続開始時に「有償」で居住していた場合は？
　新法第1037条の条文上で、要件として「無償」での居住を条件としている理由としては、有償での居住であった場合、被相続人と配偶者との間で何かしらの別途の賃貸借契約関係があったと考えられ、被相続人の賃貸人としての地位は相続人に対して引き継がれることになるため、これまでどおりの居住環境が確保される見込みがあり、新しい権利を創設してまで保護に努める必要はないからである。

【考察⑥】相続発生時、配偶者が居住建物内で生活をしていなかった場合は？
　配偶者短期居住権は、配偶者が、被相続人の財産に属した建物に相続開始時に無償で居住している場合に成立する（新法1037条1項）。
　では、相続発生時、配偶者が入院をしており、居住建物内で生活をしていなかった場合は、「居住していた」といえるだろうか。
　「居住していた」とは、生活の本拠として利用していたことを意味する。例えば、入院や介護施設の入居により相続開始の時点において居住建物で寝食していなかったとしても、将来、その居住建物に戻ることが予定されており、かつ、本人の家財道具が居住建物内に残されているなど、未だ生活の本拠として認められるような場合には、配偶者は依然としてその居住建物に「居住していた」ということができ、配偶者短期居住権が認められるものと考えられる。

【考察⑦】配偶者居住権と配偶者短期居住権の相違点

① 配偶者短期居住権は居住建物の一部に対しても成立する

　新法1037条の条文上で、「居住建物の一部のみを無償で使用していた場合にあっては、その部分について無償で使用する権利」と規定しているため、相続開始時に「居住建物の一部のみ」を無償で使用していた場合には、その部分に限って配偶者短期居住権が成立することになる。

　この点において、居住建物の全部について成立する配偶者居住権（新法1028条）とは異なる。

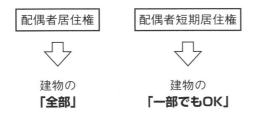

② 配偶者居住権は使用だけでなく「収益」も可能

　配偶者居住権のほうは、居住建物を「使用」できるだけではなく、「収益」もできることになっている（新法1028条1項）。

　他方、配偶者短期居住権について定める新法1037条では、「収益」という言葉を使っておらず、違いを明確にしている。

　つまり、配偶者短期居住権を取得する配偶者は、居住建物の「使用」ができるにとどまり、そこから収益を得るといった行為は予定されていない。

　もっとも、被相続人の生前から「収益」ができていた配偶者は、配偶者短期居住権とは別に、使用貸借契約等に基づいて継

続的に収益ができるものと考える。

配偶者居住権	配偶者短期居住権
⇩	⇩
収益可	収益不可

4 施行日と経過措置

配偶者居住権に関する規定（新法1028条～1036条）の施行日は、令和2年（2020年）4月1日である。

その適用にあたっては、施行日後に開始した相続について適用することとされ、施行日前に開始した相続については、配偶者短期居住権は発生しない（改正法附則10条1項）。

実務への影響と対策

配偶者短期居住権は、被相続人の死亡により、突如、自宅を明け渡す必要が生じた配偶者を保護するための権利である。配偶者の居住権を確保し、新居の確保や明け渡しの準備のための期間を確保するため、配偶者短期居住権の存続期間中は、居住建物の取得者は、明け渡しを求めることはもちろん、不動産を売却することが禁止されている。

最短でも、相続開始時点から6か月経過するまでは、配偶者短期居住権を消滅させることができないため、売却もできないこととなる。

一般的に、不動産を相続した者が、相続税の納税資金の確保のため相続した物件を売却し、納税資金を確保することがあるが、配偶者短期居住権が成立している場合には、売却に先立ち、配偶者短期居住権を消滅させる行為を行う必要がある。

相続税の納税は、被相続人の死亡の事実を知った日の翌日から10か月以内と規定されているため、それまでに配偶者短期居住権を消滅させ、不動産を売却し、納税資金を確保することとなる。

　遺言で居住建物の遺贈を受けた相続人が相続税の納税資金を相続した不動産を売却して確保することを考えた場合、遅くとも相続開始を知った日の翌日から4か月以内に配偶者短期居住権の消滅の申し入れをし、10か月以内に不動産の売却を終え、納税資金を確保するというスケジュールで段取りよく計画を進めていく必要がある。

　最初の配偶者短期居住権の消滅の申し入れをせず、放置していると、期限内に不動産が売却できなくなる可能性もあるため、注意が必要である。

チェックシート

(1) 権利の成立要件（新法1037条）
　① 被相続人の【　　】であること
　② 被相続人の財産に属した建物に相続開始の時に【　　】で居住していたこと
の2つが満たされた場合に権利が生じる。

(2) 権利の内容（新法1037条）
　その居住建物を無償で【　　】及び【　　】をすることができる。期間は、次のとおりである。
　① 居住建物について配偶者を含む共同相続人間で遺産の分割をすべき場合
　　遺産の分割により居住建物の帰属が確定した日又は相続開始の時から【　　】か月を経過する日のいずれか遅い日
　② ①に掲げる場合以外の場合
　　建物取得者からの配偶者短期居住権の消滅の申入れの日から【　　】か月を経過する日
　　→ この期間の間は、居住建物取得者は、第三者に対する居住建物の譲渡その他の方法により配偶者の居住建物の使用を妨げてはならないものとされている。

(3) 配偶者短期居住権の登記
　配偶者居住権とは異なり、【　　】をすることはできない。

(4) 使用収益・処分（新法1038条）
・配偶者短期居住権は、【　　】することができない。
・所有者の承諾あれば、第三者に居住建物の【　　】をさせることができる。
　→これらに違反した場合において、居住建物の所有者は、【　　　】により配偶者短期居住権を【　　】させることができる。

(5) 建物の修繕等（新法1041条）
・配偶者は、居住建物の使用及び収益に必要な【　　】をすることができる。
・所有者の承諾がなければ、居住建物の【　　】若しくは【　　】まではできない。

(6) 建物に関する費用負担（新法1041条）
・配偶者は、居住建物の通常の必要費を負担する。つまり、通常必要になるであろう修繕費や、【　　　】等の不動産の保有につき、通常生じる支払いは配偶者の負担になる。通常の必要費以外は所有者の負担になる（有益費等）。

解答

(1) 権利の成立要件(新法1037条)
① 被相続人の【配偶者】であること
② 被相続人の財産に属した建物に相続開始の時に【無償】で居住していたこと

の2つが満たされた場合に権利が生じる。

(2) 権利の内容(新法1037条)
　その居住建物を無償で【使用】及び【収益】をすることができる。期間は、次のとおりである。
① 居住建物について配偶者を含む共同相続人間で遺産の分割をすべき場合
　遺産の分割により居住建物の帰属が確定した日又は相続開始の時から【 6 】か月を経過する日のいずれか遅い日
② ①に掲げる場合以外の場合
　建物取得者からの配偶者短期居住権の消滅の申入れの日から【 6 】か月を経過する日
→ この期間の間は、居住建物取得者は、第三者に対する居住建物の譲渡その他の方法により配偶者の居住建物の使用を妨げてはならないものとされている。

(3) 配偶者短期居住権の登記
　配偶者居住権とは異なり、【登記】をすることはできない。

(4) 使用収益・処分（新法1038条）
・配偶者短期居住権は、【譲渡】することができない。
・所有者の承諾あれば、第三者に居住建物の【使用】をさせることができる。
　→これらに違反した場合において、居住建物の所有者は、【意思表示】により配偶者短期居住権を【消滅】させることができる。

(5) 建物の修繕等（新法1041条）
・配偶者は、居住建物の使用及び収益に必要な【修繕】をすることができる。
・所有者の承諾がなければ、居住建物の【改築】若しくは【増築】まではできない。

(6) 建物に関する費用負担（新法1041条）
・配偶者は、居住建物の通常の必要費を負担する。つまり、通常必要になるであろう修繕費や、【固定資産税】等の不動産の保有につき、通常生じる支払いは配偶者の負担になる。通常の必要費以外は所有者の負担になる（有益費等）。

第2章

遺産分割に関する改正
　―これまでの遺産分割の問題点と改正事項―

第1節　特別受益の持戻し免除の意思表示の推定規定（903条4項）の創設

改正のポイント

- 規定を創設した趣旨は、相続の場面における高齢配偶者の老後の住まい、生活の保護である。
- 規定の内容
    ① 婚姻期間が20年以上の夫婦の一方である被相続人が、他方の配偶者に対し、
    ② その居住用不動産について、
    ③ 遺贈又は贈与をしたときは、
    ④ 特別受益の持戻し免除の意思表示をしたものと推定する
  というものである。
- 施行日である令和元年(2019年)7月1日以降に相続が開始し、かつ、施行日以降になされた遺贈又は贈与にしか適用がない（改正法附則4）ことに注意が必要。

はじめに

　本節にて取り上げる民法903条4項の規定は、配偶者保護の方策のための改正として位置づけられる。医療技術の進歩や経済成長に伴う生活水準の向上により、我が国の平均寿命は伸長を続けており、厚生労働省の推計においても、今後も延伸することが予想されている。それに伴い高齢者人口が増え、社会の高齢化が進む中で、社会全体として、高齢者の老後の住まいを確保し、またその生活資金についても確保することの重要性が高まってきているといえる。

そのような社会情勢の中で、配偶者に相続が開始した場面において、相続財産のほとんどが夫婦の生活の本拠である自宅である場合、形式的に法定相続分によって遺産の分配がなされると、残されたもう一方の高齢の配偶者の相続分2分の1では、自宅を取得できずその老後の住まいを確保できないという事態が生じうる。また、仮に自宅を取得できたとしても、その代償として他の相続人に代償金を支払う必要が出てしまいその資金調達に困窮してしまう場合や、自宅が相続分のほとんどを占めてしまうため、今後の生活資金となる金融資産までは相続できないなど、残された高齢配偶者の今後の生活の安定が危ぶまれるおそれがあり、また、それにより結局自宅を手放さざるを得ない事態も想定されるところである。

　そこで新法は、相続の場面において、残されたもう一方の配偶者の保護の方策を打ち出すこととし、その方策として、①配偶者居住権制度と、②配偶者に対する特別受益の持戻し免除の意思表示の推定規定（903条4項）の2つを創設した。

　①については前章において取り扱った。そこで本節では、②の配偶者に対する特別受益の持戻し免除の意思表示の推定規定（903条4項）について解説することとする。

　さて、配偶者に対する「特別受益の持戻し免除の意思表示の推定規定（903条4項）」であるが、これがどのような場面について規定なのか、非常に分かりづらい。ある原則があって、その例外があり、さらにその例外についての特別規定という位置付けであるため、一読して理解することが難しくなっている。そこで分かりやすくするため、3つに分割し、順に見ていきたい。

　すなわち、
　　①　特別受益の「持戻し」（903条1項、2項）
　　②　持戻し「免除の意思表示」（903条3項）
　　③　持戻し免除の意思表示の「推定規定」（903条4項）
の3つである。

①・②については、次の「旧法の取扱いと課題」において、旧法の知識として解説する。③については、今回の改正で追加された内容であるので、「改正の内容」で解説する。

旧法の取扱いと課題

先述したとおり、ここでは、①の「特別受益の『持戻し』（903条1項、2項）」及び②の「持戻し『免除の意思表示』（903条3項）」について見ていくこととする。

1 特別受益の「持戻し」（903条1項、2項）
（1）特別受益制度の適用場面
　そもそも特別受益という制度は、どういった場面における制度であっただろうか。

　遺産の分配においては、第一に被相続人の意思が尊重される。したがって、遺言により遺産のすべての具体的な承継先を被相続人において定めた場合、それが相続させる旨の遺言であれ、遺贈であれ、相続開始と同時に遺産の分配は終了する。ここでは、特別受益という話は出てこない。

　遺言がない場合や、遺言があったとしても一部の財産のみについて分配を定めており、残部については分配が定められていない場合など、具体的な承継先が定められていない遺産がある場合において、相続人が複数人いるときは、当該遺産は相続人の共有となり（これを遺産共有という。）（注1）、各共同相続人は、その「相続分に応じて」権利義務を承継するものとされている（899条）。

　相続分には、被相続人が遺言で相続分の割合を指定した場合である指定相続分と、それがない場合に法が定めた法定相続分の2種類があるが、いずれにせよ、その相続分という割合に応じて遺産を承継し、具体的な財産の分配は、遺産分割により決定していくこと

なる。

　そのような場合において、相続人のうちに、被相続人から生前に贈与を受けたり、又は遺言によって遺贈を受けた人がいた場合、遺産の分配においてその分を考慮しないと、その贈与又は遺贈を受けた相続人の取得分が多くなり、相続人間の公平を害する。そこで、相続人間の公平を図るため、法が定めた相続分の修正の制度（注2）が、特別受益制度である。

　このように、特別受益という制度が出てくるのは、相続分に応じて遺産を承継する遺産共有の場面であり、遺産分割が必要な場面である。

　なお、遺留分の算定基礎財産の計算においても、同様の持戻し戻し計算が出てくるが、これは準用規定であり（旧法1044条）、本来的にはこの通常の遺産分割の場面において適用されていた。

　また、旧法上もすべてが準用されるとされていたわけではなく、持戻し免除の意思表示（903条3項）については、準用はないとされていた。この点については後述する。

（注1）遺産共有とは、相続財産について相続人間での共有（898条）となる所有形態のことをいう。898条の共有も、249条以下に規定する通常の共有と異ならないとされるが（最判昭和30年5月31日）、その共有形態の解消方法に特徴があり、共有物分割ではなく、遺産分割によって行う（最判昭和62年9月4日）。

（注2）相続分の修正ということであるが、判例（最判平成12年2月24日）の見解によると、特別受益による相続分は、厳密には法定相続分又は指定相続分の修正ではなく、遺産分割手続きにおける分配の前提となるべき計算上の価額又はその価額の遺産の総額に対する割合という具体的相続分の修正である。具体的相続分自体は実体法上の権利性はないものとされ、遺産分割時に考慮される一定の基準にすぎない。したがって、具体的相続分を別個独立に判決によって確認することは認められない。また、具体的相続分がないとされた相続人

も相続人たる地位は失わず、遺産分割協議に参加する必要がある。

(2) 特別受益の「持戻し」(903条1項、2項) とは

いわゆる特別受益とは、共同相続人が被相続人から受けた遺贈又は婚姻、養子縁組のため若しくは生計の資本として受けた贈与をいう。贈与は、あらゆる贈与が特別受益となるわけではなく、①婚姻のため受けた贈与、②養子縁組のため受けた贈与、③生計の資本として受けた贈与に限定されている（注3）。

903条1項は、共同相続人中に、特別受益としての遺贈又は贈与を受けた者があるときは、被相続人が相続開始の時において有した財産の価額に、その贈与の価額を加えたものを相続財産とみなし（みなし相続財産）、法定相続分又は指定相続分の中からその遺贈又は贈与の価額を控除し、その残額をもって特別受益を受けた相続人の相続分（具体的相続分という。）とする旨を規定している。

すなわち、特別受益を受けていた相続人が貰いすぎとならないよう、遺産分割における具体的相続分、つまり、取り分の計算において、すでに貰っている特別受益の財産の価額を遺産に含めて相続分にあたる額を計算した上で、特別受益分はすでに貰っているものとして、取り分の計算に含ませ、差し引いた残額が遺産分割における具体的な取り分となることとし、具体的相続分を修正をするものである。

これにより、特別受益額が相続分を超えるようないわゆる超過特別受益の場合を除いて、特別受益があった場合となかった場合とで、各共同相続人の最終的な取り分は変わらず公平となる。

このように、特別受益財産の価額を遺産に含め、最終的な取り分にも含めて計算することを特別受益の「持戻し」という。

持戻しというと、贈与の場合のように、相続財産に加算するイメージがあるが、遺贈の額は加算されない。遺贈の額は初めから相続開始時の相続財産の額に含まれているからである。遺贈の持戻し

は、相続財産に価額を加算するわけではないが、遺産分割における具体的な取り分に含めて計算されるということを指す。
（注3）共通することとして、贈与額が少額で、被相続人の生前の資産状況、生活状況に照らして、通常の扶養義務の範囲内の支出ということであれば、特別受益にはあたらないと解されており、個別具体的に判断される。以下、各贈与の具体例を挙げる。
　① 婚姻のため受けた贈与
　② 養子縁組のため受けた贈与
　　持参金、支度金などが典型とされる。婚姻における結納金、挙式費用は争いがあり、挙式費用は、被相続人自身の社交上の出費として特別受益にはあたらないという見解もある。
　③ 生計の資本として受けた贈与
　　生計の資本としての贈与とは、広く生計の基礎として役立つようなある程度まとまった金額の財産上の給付をいうと解されている。
　　例えば、居住用の不動産の贈与やその取得のための金銭の贈与、事業承継における事業用資産の贈与や自社株式の贈与などである。

　持戻し計算の結果、遺贈又は贈与の価額が、相続分の価額に等しく、又はこれを超えるときは、特別受益を受けた相続人は、その相続分を受けることができない（903条2項）。法定（指定）相続分の価額から特別受益の額を引いた結果、残額がなくマイナスの場合、具体的相続分は0となる。貰いすぎたマイナス分は、返却することまでは要しない。
　その他、持戻し計算にあたっての注意点を以下挙げておく。

〇相続開始時の財産の額から債務は控除されない。
　　遺留分の場合と混同しやすいので注意が必要である。遺留分の

算定における基礎財産の計算にあたっては、相続開始時の財産の額から、債務の全額を控除するものとされているが（1043条）、特別受益の持戻し計算にあたっては、債務は控除されない。

○贈与がなされた時期の制限はない。
　こちらも遺留分の場合と混同しやすい。遺留分の算定における基礎財産の計算にあたっては、相続人に対する特別受益にあたる贈与については、新法により、相続開始前10年間にしたものに限ることとされたが（1044条3項）、特別受益の持戻し計算にあたっては、そのような制限はない。

○持ち戻される贈与の価額の評価基準時は、相続開始時である。
　例えば、贈与財産が金銭であるときは、消費者物価指数などを用いて、贈与の時の金額を相続開始時の貨幣価値に換算した金額をもって評価する（最判昭和51年3月18日）。

　それでは、簡単な事例をもとに、<u>旧法に基づき</u>、実際に特別受益の持戻し計算をしてみよう。

【事例1】
　被相続人甲の相続人は3人、配偶者Aと長男B、次男Cである。
　遺言はなく、相続開始時の財産は7,000万円であった。
　甲は生前に、Aに3,000万円の自宅を贈与していた。
　Bへは、1,000万円を遺贈した。
　この場合の相続人各人の具体的相続分はいくらになるか。

第1節　特別受益の持戻し免除の意思表示の推定規定（903条4項）の創設　49

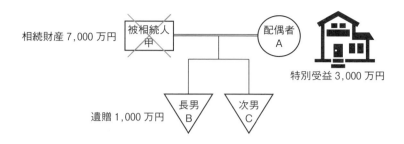

　各人の法定相続分は、A：2分の1、B：4分の1、C：4分の1である。
　903条1項を計算式にすると、以下となる。

各人の具体的相続分＝
（相続開始時の財産価額＋贈与の価額）×相続分－遺贈又は贈与の価額

　これに従い計算すると、Aの具体的相続分は、
　（7,000万円＋3,000万円）×2分の1－3,000万円(贈与分)＝<u>2,000万円</u>

　Bの具体的相続分は、
　（7,000万円＋3,000万円）×4分の1－1,000万円(遺贈分)＝<u>1,500万円</u>

　Cの具体的相続分は、
　（7,000万円＋3,000万円）×4分の1＝<u>2,500万円</u>

となる。

　すなわち、相続開始時の財産7,000万円のうち遺贈の1,000万円を引いた、残りの遺産分割の対象となる相続財産（遺産共有財産）6,000万円に対する最終の取り分が、具体的相続分であり、その取り分は、Aが2,000万円、Bが1,500万円、Cが2,500万円円ということである。

　そして、遺贈又は贈与も含めた、最終的な取り分は、下記となる。

　A：2,000万円（具体的相続分）＋3,000万円（贈与分）＝<u>5,000万円</u>
　B：1,500万円（具体的相続分）＋1,000万円（遺贈分）＝<u>2,500万円</u>
　C：<u>2,500万円</u>（具体的相続分）

　したがって、遺贈又は贈与をしなかった場合には、相続財産1億円に対し、各人の相続分として、Aは2分の1の5,000万円、B及びCは4分の1の2,500万円ずつ取得することとなるから、特別受益があった場合となかった場合とで、各共同相続人の最終的な取り分は変わらず公平となる。

2　持戻し「免除の意思表示」（903条3項）

（1）持戻しの免除とは

　特別受益の持戻しは、相続人間の公平を図るために法が設けた制度であるが、被相続人がこれと異なる意思表示をすることを認めており（903条3項）、ここでも被相続人の意思を優先させている。持戻しと異なる意思表示として、被相続人が持戻しの免除をした場合、持戻し計算はなされず、特別受益を受けた相続人の取り分が増えることとなる。

　先程と同じ例で、持戻し免除の意思表示があった場合につき、具体的に計算してみよう。

第1節　特別受益の持戻し免除の意思表示の推定規定（903条4項）の創設　51

【事例2】【事例1】と同様の状況で、A及びBに対し特別受益の持戻し免除があった場合

　被相続人甲の相続人は3人、配偶者Aと長男B、次男Cである。
　遺言はなく、相続開始時の財産は7,000万円であった。
　甲は、生前にAに3,000万円の自宅を贈与していた。
　Bへは、1,000万円を遺贈した。
　甲は、Aに対する贈与及びBに対する遺贈につき、特別受益の持戻しを免除する旨の意思表示をしている。
　この場合の相続人各人の具体的相続分はいくらになるか。

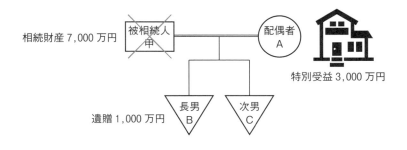

　各人の法定相続分は、A：2分の1、B：4分の1、C：4分の1である。
　A及びBへの特別受益の持戻しは免除されているのであるから、相続分の算定においてAへの贈与及びBへの遺贈の額は考慮しないこととなる。

したがって、各人の具体的相続分を算定するにあたって、対象とする相続財産は、相続開始時の財産7,000万円ではなく、遺産分割の対象となる相続財産（遺産共有財産）6,000万円となり、単純にこれに法定相続分をかけたものとなる。

　したがって、Aの具体的相続分は、
　　6,000万円×2分の1＝<u>3,000万円</u>

　B及びCの具体的相続分は、
　　6,000万円×4分の1＝<u>1,500万円</u>

となる。
　そして、遺贈又は贈与も含めた、被相続人から受ける最終的な取得分は、下記となる。

　A：3,000万円（具体的相続分）＋3,000万円（贈与分）＝<u>6,000万円</u>
　B：1,500万円（具体的相続分）＋1,000万円（遺贈分）＝<u>2,500万円</u>
　C：<u>1,500万円</u>（具体的相続分）

　ここで、特別受益の持戻し計算をした【事例1】の場合の最終的な取得分は、以下であった。
　A：2,000万円（具体的相続分）＋3,000万円（贈与分）＝<u>5,000万円</u>
　B：1,500万円（具体的相続分）＋1,000万円（遺贈分）＝<u>2,500万円</u>
　C：<u>2,500万円</u>（具体的相続分）

　したがって、持戻し免除の意思表示がなされたことにより、特別受益者はより多くの財産を取得することができる結果となる。

　なお、Bについては持戻し免除後も最終的な取得分が増えていない

ようにも思われるが、Aのみ持戻し免除をし、Bについて持戻し免除をしなかった場合、最終的な取得額は以下のとおり減少するため、持戻し免除により、実質は増えていると言えよう。

【Aに対する贈与のみ持戻しの免除の意思表示をした場合】
　Aの具体的相続分は、
　　7,000万円×2分の1＝<u>3,500万円</u>
　Bの具体的相続分は、
　　7,000万円×4分の1－1,000万円（遺贈分）＝<u>750万円</u>
　Cの具体的相続分は、
　　7,000万円×4分の1＝<u>1,750万円</u>
となり、遺贈又は贈与も含めた、被相続人から受ける最終的な取得分は、以下となる。

　A：3,500万円（具体的相続分）＋3,000万円（贈与分）＝<u>6,500万円</u>
　B：　750万円（具体的相続分）＋1,000万円（遺贈分）＝<u>1,750万円</u>
　C：<u>1,750万円</u>（具体的相続分）

（2）持戻し免除の意思表示の方法
　持戻し免除の意思表示の方法に制限はなく、どのような方法によるものでも構わない。生前の行為であるか、遺言であるかを問わない。また、明示の意思表示のみならず、黙示の意思表示でも構わないものとされている。
　黙示の意思表示とは、発言や文章などによる外形的な表示行為があったとはいえないが、その者の行動や周囲の状況を総合考慮すると、一定の表示行為があったものと評価されるような事情がある場合に認定される意思表示をいう。
　したがって、持戻し免除における黙示の意思表示は、被相続人と各相続人との家族関係、財産状況その他の被相続人の置かれていた

状況を総合考慮した上で、特定の相続人に相続分以外に財産を相続させる意思を有していたことを推測できる事情（高松家裁の言い回しのようである、高松家丸亀支審昭和37年10月31日）があったかどうかということにかかってくる。

　通常、明示に持戻し免除の意思表示をすることはほとんどないであろうから、争いがあるときは、黙示の意思表示があったものとして認定できるかが争点となってくる。

　裁判例としても明示の意思表示をしたものはなく、様々な事情を総合的に考慮し、合理的理由があるかどうかや相続人間の公平という要素を加味して、黙示の意思表示があったかどうかを認定している。肯定例として3つほど掲げる。

　被相続人は生前において、相続人Aに対し、その法定相続分をはるかにこえる農地その他の不動産を贈与した。自己の営んできた農業は、自己と同居してともに農耕に従事してきたAに継がせる意思を有していたこと、日付記載を欠くため自筆証書遺言としては効力のない書面中に、全財産をAに譲渡する旨の記載があったという事情のもとにおいては、被相続人はAに対する生前贈与につき特別受益の持戻免除の意思を表示していたものと認定した。

（福岡高決昭和45年7月31日）

　本件は、無効であるが自筆の遺言があったことがポイントであろう。書面によって、全財産を渡そうとしていた意思が表示されているから、持戻しを免除する意思を当然に有していたと評価しうる。

> 　被相続人は生前において、次男へ土地、建物の購入資金を贈与したが、これは長男が戻ってきたことにより、次男に家を出て行ってもらわなければならない申し訳なさという特別事情からくる贈与であったから、当該贈与には持戻し免除の意思が含まれていたとした。
> 　　　　　　　　　　　　　　　　　　　（鳥取家審平成5年3月10日）

> 　被相続人が、死の前年に、老後の生活を支えるに足りる資産も住居も有していない配偶者に対して、住居の敷地である自己所有の土地の持分5分の4を贈与し、その旨の登記をしたことにつき、黙示の持戻し免除の意思表示があったものと認定した。
> 　　　　　　　　　　　　　　　　　　　（東京高決平成8年8月26日）

　これは、まさに本節の持戻し免除の意思表示の推定規定（903条4項）が設けられた場面と同様の場面である。

　このような場面での一方配偶者に対する贈与は、老後の生活を保障する趣旨で行ったものであり、持戻しにより具体的相続分を減らす意思は有していないものと解するのが通常の被相続人の意思であるといえるから、持戻しの免除の意思を認定したものであろう。

(3) 遺留分の算定と持戻し免除の意思表示

　遺留分を算定するには、まず相続開始時の相続財産額から債務を引くといった計算により、遺留分算定の基礎財産という財産額を算出し、そこに遺留分の割合をかけて算出する。

　ここでの問題は、持戻し免除の意思表示をしていた場合において、そのような遺留分算定の基礎財産の計算にあたり、特別受益にあたる贈与の額は、基礎財産に算入されるのかという問題である。

　そもそも遺留分算定の基礎財産の計算にあたって、特別受益の話が出てくるのは、改正前の1044条において、「903条（特別受益者の相続分）の規定を遺留分について準用する」と規定がされていたか

らであった。これにより、遺留分算定の基礎財産の計算にあたり、相続人に対する特別受益にあたる贈与の額が、何年前の贈与であっても、持戻し計算を準用して、基礎財産に算入されていた。

ここで持戻し免除の意思表示をしていた場合はどうなるのかであるが、改正前の1044条においては、903条を準用するとはされているものの、持戻し免除の根拠規定である903条3項も準用されるのか必ずしも明確ではなかった。

この点、判例においては、遺留分制度の趣旨等に鑑みると、持戻し免除の意思表示をしていたとしても、遺留分算定の基礎財産の計算においては、特別受益にあたる贈与の額が算入されるとしており（最決平成24年1月26日）、遺留分算定の基礎財産との関係においては、持戻し免除は否定されている。遺留分制度の趣旨は、本人の財産処分の自由という原則を遺族の生活保障という観点から一定程度制限するものであるから、持戻し免除という本人の意思表示によって、遺留分額を減少させるようなことは認めるべきでないという判断である。

なお、改正前の1044条は、今回の改正により削除され、遺留分算定の基礎財産の計算にあたり、特別受益にあたる贈与の算入は、1044条3項に直接規定されることとなり、もっぱら相続開始前の10年間に行った特別受益にあたる贈与のみ算入されることとなった。すなわち、903条を準用するという構造をとっていないため、持戻し免除の意思表示をしていたとしても、10年内の贈与であれば、規定上当然に算入されることとなるため、立法的にも明確に解決されたといえる。

3 旧法上の課題はあったのか

　持戻し免除の意思表示については、明示の意思表示にてなされることは通常ほとんどないが、旧法上も諸般の事情を考慮し、黙示の意思表示として認定することによって、持戻し免除を認めることも可能であった。

　したがって、旧法上、配偶者保護の観点からも、問題点があったというわけではないが、持戻し免除の意思表示があったものとはじめから取り扱われる推定規定があれば、まずは原則として持戻しが免除されることとなるので、推定規定の創設によって配偶者に対する保護がより厚くなる。今回の推定規定の創設はそのような意義があるといえる。

改正の内容

　ここまで３つに分割した内容のうち、①特別受益の「持戻し」（903条１項、２項）、②持戻し「免除の意思表示」（903条３項）について見てきた。ここでは、今回の改正で創設された③持戻し免除の意思表示の「推定規定」（903条４項）について見ていくこととする。

1 持戻し免除の意思表示の「推定規定」（903条４項）

　今回創設された意思表示の「推定規定」（903条４項）は、①婚姻期間が20年以上の夫婦の一方である被相続人が、他方の配偶者に対し、②その居住の用に供する建物又はその敷地について、③遺贈又は贈与をしたときは、④持戻し免除の意思表示をしたものと推定するものである。

　これにより、要件を満たした場合、持戻し免除の意思表示をしたものと原則として取り扱われることとなり、配偶者の具体的相続分が増え、その保護となる。また、本規定の要件を満たすような夫婦間でなされた遺贈又は贈与は、夫婦の協力によって培ってきた自宅について

配偶者の長年の貢献に報いる趣旨や、配偶者の老後の生活を保障する趣旨でなされることが通常であるから、持戻し免除の意思表示の推定規定を創設することは、一般の被相続人の意思にも合致するものであり、推定の根拠となる。

同様の趣旨にて、税法上、贈与税の配偶者控除の制度（相続税法21条の6、いわゆるおしどり贈与特例）がすでに設けられており、これを参考にして作られているものと思われる。

おしどり贈与特例とは、①婚姻期間が20年以上の夫婦の一方から、他方の配偶者に対し、②専ら居住の用に供する土地、家屋等の居住用不動産又は居住用不動産の取得用の金銭を贈与し、③実際に当該居住用不動産を居住の用に供し、かつ、その後も引き続き居住の用に供する見込みである場合、贈与税の課税価格から、110万円の基礎控除のほかに、当該居住用不動産の価額相当分を最高2,000万円まで、1回に限り控除するというものである。

居住用不動産は、夫婦の協力によって形成されたものといえ、そのような夫婦間における贈与は、一般に贈与という認識に乏しく、老後の生活保障のためになされることが多いことを考慮したものと説明されており、同趣旨である。これらが相まって配偶者の保護となるよう期待されている。

2 「推定規定」の要件と効果

(1) 婚姻期間が20年以上の夫婦

婚姻期間が20年以上の夫婦に限定している。これは趣旨からして、長期間の婚姻関係にあることが前提とされるため、おしどり贈与特例の要件に合わせ20年とされたものである。

この20年の期間は、文言上、「婚姻後20年を経過した」ではなく、あえて「婚姻期間」となっていることから、連続して20年である必要はなく、離婚していた期間は除いて、婚姻中の期間が20年以上となれば、要件を満たすものと思われる。

なお、おしどり贈与特例については、相続税法施行令4条の6において明文で規定があり、これが参考になるものと思われる。

（2）居住用の建物又はその敷地（居住用不動産）

これも趣旨からして、対象を居住用不動産に限定したものである。おしどり贈与特例においては、居住用不動産の取得用の金銭の贈与も対象に含まれるが、本規定には、金銭の贈与は含まれていない。居住用不動産の取得用という被相続人の意図は、外形的には明らかでなく、金銭の贈与というだけでは、配偶者の老後の生活保障を目的としたものだけではない場合もあり、被相続人の意思を一律に推定することが不適切であること、また、あらゆる金銭の贈与に推定が及んでしまうと、他の相続人との関係において不公平であるということがその理由である。

なお、本規定は、配偶者居住権の遺贈について準用されているので（1028条3項）、配偶者居住権も対象になる。遺贈により配偶者居住権を設定した場合、原則として持戻し免除の意思表示が推定されることとなる。

（3）遺贈又は贈与

本規定は、文言上、遺贈又は贈与に限定されているが、遺贈ではなく、特定の財産を相続人に承継させる旨の遺言（特定財産承継遺言：1014条2項、いわゆる、相続させる旨の遺言）がなされた場合に適用があるかが問題となる。

先立って、まずそもそも相続させる旨の遺言が特別受益にあたるのかについても問題となる。特別受益にあたらなければ、持戻されることがないこととなり、その免除の意思表示も問題とならないからである。

先程見たように、903条1項、2項においても、文言上、特別受益にあたるものは遺贈又は贈与と規定されており、相続させる旨の

遺言については、規定がない。この点、明文がない以上適用がないとも解されるが、一部判例においては、「遺贈」とした場合と「相続させる」とした場合とで、結論が異なるのは不公平であることに鑑み、相続させる遺言についても持戻しと同様の処理を行っており（山口家萩支審平成6年3月28日、広島高岡山支決平成17年4月11日）、必ずしも明らかではない。

　相続させる遺言が特別受益にあたるとしても、本規定の適用においては、明文がない以上直接の適用はできないものと思われる。したがって、持戻し免除の意思表示を推定することはできない。

　ただし、その場合であっても、遺言書の解釈によっては、持戻し免除の黙示の意思表示があったものと認定することは可能である。また、相続させる遺言が特別受益にあたらないとしても、遺言書の解釈によっては、持戻しと同様の処理を被相続人が想定していたとされる場合もあり得るから、結局は遺言書の書きぶりとその解釈によることとなる。いずれにせよ明確な内容の遺言をなすべきことが望まれる。

（4）［推定］する

　本規定の効果は、持戻し免除の意思表示があったものと「推定」することである。法律上、「みなす」とされている場合は、擬制であり、あったものとされることとなるから、他にどんな事実があっても結論は覆らないが、「推定」の場合は、「みなす」場合とは異なり、反対の事実が証明された場合は、結論が覆り、推定した事実はなかったものとなる。

　すなわち、本規定の要件に該当する事実があれば、一旦、当然に持戻し免除の意思表示があるものと取扱われることとなるが、仮に持戻しを免除する意思がなかったことが証明された場合は、持戻しは免除されないこととなる。持戻しの免除を配偶者以外の他の相続人が争いたい場合は、持戻しを免除する意思がなかったことを証明

する必要があり、その証明の負担は、争う側である配偶者以外の他の相続人が負うこととなる。

3　施行日と経過措置

　本規定の施行日は、令和元年（2019年）7月1日である。

　経過措置の原則として、施行日前に開始した相続については、旧法が適用される（改正法附則2条）ため、本規定の適用にあたっても、相続開始時が施行日後である必要がある。また、経過措置の特例として、本規定は、施行日前にされた遺贈又は贈与については適用しないものとされている（改正法附則4条）。

　このような経過措置の特例が設けられた趣旨は、被相続人の意思の尊重である。施行日前に遺贈又は贈与を行ったとして、被相続人としては、持戻しを免除しないことをあえて明示に意思表示まではしないものの、原則どおり持戻しでよい、これは遺産の先渡しであり、他の相続人より特別に多く相続させる必要はないと意図していた場合も考えられる。そのような場合において、施行日後の相続であれば、施行日前の遺贈又は贈与についても本規定の適用があるとすると、被相続人としては、施行日後において、改めて、推定規定を排除するため持戻しを免除しない旨の意思表示をする必要がある。しかし、施行日後においてそのような意思表示を行うに足りる適切な意思能力を有していない場合も考えられるため、被相続人の意思に反した処理が行われる可能性があり、適切でないからである。

　まとめると、施行日である令和元年（2019年）7月1日以降に相続が開始し、かつ、施行日以降になされた遺贈又は贈与にしか適用がない（改正法附則4条）ことに注意が必要である。

実務への影響と対策

　高齢配偶者の老後の住まいの確保、生活資金の確保が社会的重要性を増してきている中で、被相続人が遺言を書いて、他方の配偶者の老後を守ってくれるのであれば問題はない。しかし、我が国においては、遺言を書くということはまだまだ社会的にスタンダードとはなっていない。また、遺言を書かずとも、相続人間で配偶者の老後を守るように遺産分割協議がまとまるのであれば問題はない。そのような円満な相続であれば、各相続人の相続分がいくらであろうが、自由に遺産分割により承継先を決めていけるから、本規定はあまり意味を有しないこととなる。

　遺言もなく、相続人間で、配偶者の保護どころかそもそも遺産分割の話し合いがまとまらないような、円満でない相続の場合、遺産分割は、家庭裁判所を通じて審判により行うこととなり、その場合、相続分が各相続人の取り分として重要な意義を有することとなる。そのような場面において、配偶者の保護を厚くするためには、配偶者の具体的相続分を増やす必要がある。

　本規定は、そのような遺言もなく、相続人間の仲が円満でないような場面において、その機能を発揮するものといえる。その意味において、社会的な意義を有するものといえるであろう。

　一方で、被相続人において、他方配偶者の保護を図るつもりがあるのであれば、推定を待たずに積極的に持戻し免除の明示の意思表示をすべきである。例えば、おしどり贈与特例を使用して居住用不動産や金銭を贈与をした場合は、持戻し免除の意思表示は要式を問わないのであるから、贈与契約書に持戻しを免除する旨を盛り込むといった方法である。また、むしろ免除したくないのであれば、推定が及んでしまうため、持戻しを免除しない旨を盛り込む必要がある。もちろん、自発的に被相続人にそこまで行うことを期待することは困難であるが、当該贈与をなす際には、基本的に税理士等の法律実務家の関与が

あることが多いであろうから、法律実務家から、持戻しについても話を向け、アドバイスをすることが重要である。

　相続人に対する遺贈は、数としてはあまり多くないであろうが、配偶者居住権を遺贈する場合は、推定を待つまでもなく、こちらもセットで持戻しについても書くべきであろう。

　相続させる遺言を書く場合は、本規定は直接に適用されないと解されるため、遺言できちんと全体の財産の承継まで書くことが重要となってくる。財産の一部のみについて書いたりすると、残部が遺産共有となり、持戻しの問題が出てくるため、基本的には避けるべきであるが、あえて一部のみについて書くのであれば、その財産は別枠として、残部について改めて相続分で分けることとするのか、持戻しのような処理を希望するのかしっかりと明示して書く必要がある。また、全体の財産について書いたつもりであっても、意味もなく遺産共有となっていることも多分にあり、書き方には細心の注意を要する。法律実務家や公証人に遺言作成を依頼したからと言って安心ではなく、様々な専門分野から見れば問題がある遺言も多数存在していることに注意が必要である。相続税に関する配慮がなされていても、登記には使用できないものであったり、法律的には問題がなくても、財産管理上問題があったり、相続人間の争いの種になる遺言となっていることも多い。関与する法律専門家の相互協力が重要であり、その役割が増しているといえるであろう。

　なお、注意が必要なのは、本規定の適用と経過措置についてである。先述したとおり、施行日である令和元年（2019年）7月1日以降に相続が開始し、かつ、施行日以降になされた遺贈又は贈与にしか本規定の適用はない。相続発生時が施行日後であれば、適用があるものと勘違いしやすいが、いつの時点の遺贈、贈与なのかについても意識をする必要がある。

チェックシート

　被相続人甲の相続人は3人、配偶者Aと長男B、次男Cである。

　遺言はなく、相続開始時の甲の財産は、甲とAの居住用の自宅の土地建物の持分各2分の1で2,000万円、預貯金が3,000万円の合計5,000万円であった。

　甲は、令和元年9月1日に死亡した。

　甲とAが婚姻したのは、昭和58年10月31日である。

　また甲は、令和元年7月31日に、自宅の土地建物の持分各2分の1（2,000万円）を、おしどり贈与特例を使用してAに贈与している。

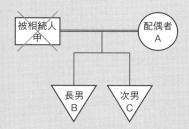

① この場合における相続人各人の具体的相続分額はいくらになるか。
② 甲が死亡したのが、平成31年4月1日であり、死亡の前年におしどり贈与特例を利用していた場合における相続人各人の具体的相続分額はいくらになるか。
③ 甲からAへの贈与日が平成18年7月31日であった場合における相続人各人の具体的相続分額はいくらになるか。

第1節　特別受益の持戻し免除の意思表示の推定規定（903条4項）の創設　65

解答

① 　各人の法定相続分は、A：2分の1、B：4分の1、C：4分の1である。

　　Aへの自宅持分各2分の1の贈与は特別受益にあたり、贈与時において、婚姻期間が20年以上であり、居住用不動産を贈与しているから、903条4項の推定規定の適用があり、持戻しは免除される。

　　各人の具体的相続分を算定するにあたって、対象とする相続財産は、持戻し計算をせず相続開始時の財産5,000万円となる。

　　したがって、遺産共有財産5,000万円に対して、

　　Aの具体的相続分は、

　　　5,000万円×2分の1＝2,500万円

　　B及びCの具体的相続分は、

　　　5,000万円×4分の1＝1,250万円となる。

　　なお、贈与も含めた、被相続人から受ける最終的な取得分は、下記となる。

　　A：2,500万円（具体的相続分）＋2,000万円（贈与分）＝4,500万円

　　B：1,250万円（具体的相続分）

　　C：1,250万円（具体的相続分）

② 　甲が死亡したのが、平成31年4月1日であった場合、改正法の施行日令和元年7月1日より前に開始した相続については、旧法が適用される（改正法附則2条）ため、持戻し免除の意思表示が黙示の意思表示なりで認められない場合、配偶者Aへの自宅持分の贈与については、特別受益の持戻しがなされることとなる。

みなし相続財産　7,000万円	
遺産分割の対象となる相続財産 （遺産共有財産）　　5,000万円	贈与 2,000万円
相続開始時の財産　5,000万円	

したがって、遺産共有財産7,000万円に対して、

Aの具体的相続分は、

（5,000万円＋2,000万円）×2分の1－2,000万円（贈与分）

＝1,500万円

B、Cの具体的相続分は、

（5,000万円＋2,000万円）×4分の1＝1,750万円となる。

なお、贈与も含めた、被相続人から受ける最終的な取得分は、下記となる。

A：1,500万円（具体的相続分）＋2,000万円（贈与分）＝3,500万円

B：1,750万円（具体的相続分）

C：1,750万円（具体的相続分）

持戻し免除の意思表示の推定規定の適用があった①の場合より、Aの最終的な取得額は減少している。

③　贈与日が、平成18年7月31日であった場合、改正法の施行日令和元年7月1日より前にされた贈与となるから、旧法が適用される（改正法附則4条）ため、この場合においても、持戻し免除の意思表示が黙示の意思表示なりで認められない場合、配偶者Aへの自宅持分の贈与については、特別受益の持戻しがなされることとなる。具体的相続分は、②と同様である。

第2節　遺産分割前の預貯金の払戻し制度の創設等
（909条の2、家事事件手続法200条3項）

改正のポイント

- 判例（最大決平成28年12月19日）により、預貯金債権が遺産分割の対象となった一方で、各共同相続人は単独で当該預貯金債権の払戻しをすることができなくなった。払戻しまで長期間かかるおそれもあり、葬儀費用の支払いや生活資金の確保等の資金需要に対し、手当てが必要となった。
- そこで、相続財産である預貯金債権の払戻し制度として、次の2つの制度を用意した。
    ① 909条の2
       家庭裁判所の判断を得ないで、迅速に預貯金の払戻しを認める制度。
    ② 家事事件手続法200条3項
       家庭裁判所の判断を通じ仮処分として、預貯金を仮に取得できるようにした。
- 909条の2は、施行日前に開始した相続についても適用する（附則5条1項）。家事事件手続法200条3項も、施行日前に開始した相続についても適用する（明文の規定はない）。

旧法の取扱いと課題

1 可分債権の遺産分割における課題

　金銭債権や預貯金債権など、その性質上分けることが可能な債権を可分債権という。可分債権の相続については、判例により、相続開始

と同時に各共同相続人の相続分に応じて当然に分割されて承継するものとされており（最判昭和29年4月8日）、各共同相続人は、単独で、自己に分割承継された債権を行使することができるものとされていた。

　遺産分割の大原則として、その対象財産は、相続開始時に存在し、かつ、分割時にも存在する未分割の共有の相続財産である必要があると解されている。可分債権については、当然に分割承継されることにより、未分割の共有の相続財産ではないため、原則として遺産分割の対象とならず、例外的に共同相続人全員の合意がある場合に限って、実務上、遺産分割の対象とすることを認めてきた。

　したがって、共同相続人全員の合意が得られないときは、遺産分割の対象とすることができず、特別受益や寄与分による具体的相続分の調整をすることなく、法定相続分に応じて分割承継される結果、相続人間の実質的公平を図れない結果となることもあった（注1）。

　相続財産における可分債権の代表格は、預貯金債権であるが、金銭であれば動産として遺産分割協議の対象となるのに対し、社会的認識としては現金とほぼ同様のものである預貯金債権については、理論上その対象とできないというのは不合理であり、遺産分割における課題があった。

　この課題を解決するため、当初、可分債権の遺産分割における取扱いについても改正が検討されていた。しかし、最大決平成28年12月19日（以下、「平成28年決定」という。）により判例は、預貯金債権は、相続開始と同時に当然に分割承継されず、遺産分割の対象となるものと判示し、当然分割されるというこれまでの相続のルールを、可分債権のうち預貯金債権に限り変更した（注2）。

　これにより、相続財産における可分債権の代表格である預貯金債権については、課題が解決されたこととなり、可分債権の遺産分割における取扱いに関する改正についても、改正案から削除された。預貯金債権以外の可分債権については改正を検討する余地があったものの、

預貯金債権以外の可分債権で遺産分割の対象に含めることが考えられるものとしては、売買代金債権等の契約に基づく債権や、不法行為に基づく損害賠償請求権、不当利得返還請求権等があるが、これらの債権は、その存否及び金額が争われることも多く、その確定を待っていては、遺産分割の長期化の原因ともなりかねないため、引き続き当然に分割承継されるという従前の取扱いが維持されることとなった。

（注1）相続人間の実質的公平を図れない具体例

　　　　被相続人甲、相続人は長男Ａ、次男Ｂの2名であり、相続財産は預貯金債権5,000万円のみあったとする。長男Ａは、甲から特別受益5,000万円を受けていた。

　　　　この場合において、ＡとＢの合意により、預貯金債権5,000万円を遺産分割の対象とした場合、その分配にあたっては、特別受益の持戻し計算を行い、具体的相続分が調整されることとなる。

　　　　したがって、

　　　　Ａの具体的相続分は、

　　　　　（5,000万円＋5,000万円）×2分の1－5,000万円＝<u>0</u>

　　　　Ｂの具体的相続分は、

　　　　　（5,000万円＋5,000万円）×2分の1＝<u>5,000万円</u>

　　　　となる。

　　　　特別受益も含めた各人の最終的な取得分は以下となり平等である。

　　　　　Ａ：0＋5,000万円（特別受益）＝<u>5,000万円</u>

　　　　　Ｂ：<u>5,000万円</u>（具体的相続分）

　　　これに対し、預貯金債権を遺産分割の対象とする旨の合意がＡＢ間で整わない場合、従前の判例の理論を適用すると、預貯金債権が法定相続割合でＡ・Ｂそれぞれに2,500万円ずつ当然に分割承継され、遺産共有財産が存しないため、特別受益を考慮することができないまま終了する。特別受益を考慮した後の具体的相続分は、実体法上

の権利性を有せず、特別受益はあくまでも遺産分割がある場合において考慮されるにすぎない相続分の修正要素であるからである。

特別受益も含めた各人の最終的な取得分は以下となり、不公平な結果となる。

A：2,500万円＋5,000万円（特別受益）＝<u>7,500万円</u>

B：<u>2,500万円</u>

(注２) 普通預金債権、通常貯金債権、定期貯金債権については、相続開始と同時に共同相続人に当然に分割されることはなく、遺産分割の対象となるものとされた（最大決平成28年12月19日）。

その理由として、①遺産分割は共同相続人の実質的公平を図るためのものであるから、対象財産はできるだけ広く対象となるほうが望ましい。現金や預貯金債権といった流動性の高い財産は、遺産分割における分配の際の調整に資するから遺産分割の対象とすべき要請もあること、②預貯金債権の性質として、普通預金や通常貯金は、継続性のある消費寄託契約であり、常にその時点の金額の１個の預貯金債権として存在するものであり、預貯金契約上の地位は、共同相続人に準共有され、相続開始後も、準共有者全員で解約しない限り、常に残高が変動しうるものとして存在し、確定額として分割されることはなく、また、定期貯金は、その性質上一部の払戻しはできないという制限があり、分割払戻しはできないから、結局、共同相続人は、共同して全額の払戻をするしかないことなどを挙げている。

なお、続く最判平成29年４月６日において、判例は、定期預金債権及び定期積金債権についても同様に、相続開始と同時に当然に分割されることはなく、遺産分割の対象となるものとしている。

２　相続における預貯金債権の払戻しの取り扱いと課題

平成28年決定以前は、各共同相続人は、預貯金債権のうち自己が分割承継した割合にあたる額について、単独でその権利を行使し、払戻

しを受けることも可能であった（注3）。

　しかし、平成28年決定により、預貯金債権が相続開始と同時に当然には分割承継されず、遺産分割の対象となったことにより、単独での払戻しは理論上できなくなった。遺産分割協議後に預貯金債権を取得することとなった相続人から払戻しを行うか、未分割のまま法定相続人の全員から払戻しを行う必要があることとなった。

　したがって、遺産分割に非協力的な共同相続人がいたり、話し合いがまとまらないと、払戻しまでの期間が長期化するおそれがあり、葬儀費用や相続債務の支払いが迫っている場合や、生活資金を確保する必要がある場合等の資金需要に対し、手当てをする必要が生じた。

　そこで新法は、相続財産である預貯金債権の払戻しに関する2つの方策を用意した。

（注3）もっとも実務上は、金融機関によっては、単独で自己の相続分についてのみの払戻しについては消極的な対応を行うところもあり、共同相続人全員による請求を求めてくることもあった。交渉次第で、個別具体的に応じていた。したがって、平成28年決定以前においても、単独で完全に自由に権利行使ができていたというわけではなかった。

改正の内容

　新法は、①家庭裁判所の判断が不要な909条の2に基づく払戻し制度と、②家裁を通した手続きである家事事件手続法200条3項を用意した。

1　909条の2の預貯金債権の払戻し制度

　本規定は、家庭裁判所の関与なくして、一定額に限り、迅速に預貯金の払戻しを認めるものである。

(1) 制度の概要

各共同相続人は、遺産に属する預貯金債権のうち、以下の額については、単独でその権利を行使できるものとされた。

＜単独で権利行使（払戻請求）できる額＞

> 相続開始時の各預貯金債権額×3分の1×当該権利を行使する共同相続人の法定相続分
> 　かつ、
> 1金融機関あたり150万円までの額

共同相続人単独での多額の権利行使を認めてしまうと、分割承継したことと同様となってしまい、預貯金債権が当然には分割承継されず、遺産分割の対象となるとした判例の趣旨に反するため、預貯金債権額の3分の1という割合的な制限を課している。また、資金需要に対応するための必要最小限度とするため、法務省令（民法第九百九条の二に規定する法務省令で定める額を定める省令（平成30年法務省令第29号））により、上限額を150万円までと定められたものである。

(2) 論点

① 預貯金債権額の基準時

条文上、「相続開始の時」の債権額とされている。これは金融機関において、各共同相続人から本規定による払戻し請求を受けた際に、画一的に権利行使可能な額を判断できるようにするためである。

したがって、相続開始後に預貯金債権の額に変動があった場合においても、金融機関としては、相続開始の時の預貯金債権額を基準に計算すれば足りることとなる。

② 払戻し請求可能な金額

各預貯金債権ごとに計算される。例えば、Ａ銀行に300万円の普通預金と、180万円の普通預金を有していた場合において、法定相続分が２分の１である相続人が、単独で払戻し請求を行う場合、300万円×３分の１×２分の１＝50万円と、180万円×３分の１×２分の１＝30万円を、それぞれの預金から払戻し請求できることとなる。払戻し請求可能な金額の合計額は80万円であるが、各預貯金債権ごとに計算されるため、これを任意に片方の預金からまとめて払戻しを請求することは認められない。

また、１金融機関あたり150万円が限度である。同一金融機関の複数の支店に口座を持っていても、当該金融機関からは、全部併せて150万円が限度となる。

具体例で払戻し可能額について計算をしてみよう。

【事例１】

被相続人は、9,000万円の預貯金を持っていた。

相続人は長男Ａと次男Ｂである。

① 被相続人は、銀行10行に対し、普通預金として各900万円ずつ預けていた。

この場合、Ａが払戻しが可能な額は、

900万円×３分の１×２分の１＝150万円

150万円×10行分＝合計で、<u>1,500万円</u>となる。

② 被相続人は、甲銀行に対し普通預金1,400万円、定期預金7,000万円、乙銀行に対し普通預金600万円を預けていた。

この場合、Ａが払戻しが可能な額は、

（甲銀行）

1,400万円×３分の１×２分の１＝233万円

7,000万円×３分の１×２分の１＝1,166万円

したがって、甲銀行に対しては1行あたり上限の150万円
（乙銀行）
600万円×3分の1×2分の1＝100万円

甲銀行と乙銀行合計で、250万円となる。

（3）払戻し手続き

本規定による払戻し請求に必要な書類は、各金融機関により個別に変わることもあり得るが、概ね以下のとおりである（一般社団法人全国銀行協会資料参照）。

① 被相続人の除籍、改製原戸籍謄本（出生から死亡までつながりのつくもの）
② 相続人全員の戸籍謄本（全部事項証明書）
③ 払戻し請求をする者の印鑑証明書
④ 払戻し請求をする者の運転免許証等の本人確認書類

すなわち、被相続人が死亡した事実と請求する相続人の法定相続分が判明する必要があるから、相続人全員を把握する必要があり、被相続人の出生から死亡までの除籍、改製原戸籍が必要となってくる。金融機関の対応次第ではあるが、①及び②については、法定相続情報一覧図の写しでも代替は可能になってくるものと思われる。

（4）効果

共同相続人が、権利行使をした預貯金債権については、当該共同相続人が遺産の一部分割によりこれを取得したものとみなされる（909条の2後段）。

「みなす」と規定されているため仮の取得ではなく、確定的に一部分割により当該共同相続人が取得することとなる。仮払いのイメージを持ちやすいが、確定的な取得である。

したがって、本規定による払戻しを受けたことで、当該共同相続人の具体的相続分を超過する場合は、超過部分について他の相続人に対し代償金を支払う義務を負うという形で調整がなされることとなる。

なお、払戻した金銭の使途については、何らの制限もないから、払戻しを行った共同相続人がどのように使っても構わない。

(5) 施行日と経過措置

本規定の施行日は、令和元年（2019年）7月1日である。

本規定の経過措置については、施行日後に開始した相続のみならず、施行日前に開始した相続であっても、施行日後に行使する限りにおいて適用がある（改正法附則5条）。

施行日前に開始した相続であっても、預貯金債権は当然には分割承継されず、遺産分割の対象となることは変わりがないから、本規定を使って資金需要に応える必要があることは、施行日前に開始した相続であっても同様であるからである。

2 家事事件手続法200条3項の仮分割の仮処分

(1) 制度の概要

家庭裁判所を通じた預貯金債権の払戻し手続きとしては、家事事件手続法200条2項の仮処分を活用することが考えられたが、同項は要件として、「事件の関係人の急迫の危険を防止するため必要があるとき」という厳格な要件を設けており、活用が難しいことが想定された。

そこで、改正法において、預貯金債権の仮分割の仮処分として、その要件を緩和した第3項を新設した。909条の2の払戻し制度では対応できない金額の資金需要については、家庭裁判所の判断を通じて、対処する途を用意したものである。

家事事件手続法200条3項は、家庭裁判所が、

① 遺産の分割の審判又は調停の申立てがあった場合において、
② 申立人又はその相手方が、相続財産に属する債務の弁済、相続人の生活費の支弁その他の事情により遺産に属する預貯金債権を行使する必要があると認めるときは、
③ 他の共同相続人の利益を害しない限り、
④ 申立てにより、遺産に属する特定の預貯金債権の全部又は一部をその者に仮に取得させることができるものとした。

①については、家事事件手続法200条3項の仮処分を申し立てるにあたっては、まず遺産の分割の審判又は調停の申立てがあった場合を前提としており、遺産分割の調停又は審判の本案が家庭裁判所に係属していることを要するとしている（本案係属要件）。
　家庭裁判所に遺産分割の調停・審判を申し立てていない段階で仮分割の仮処分を申し立てることは認めず、その場合は、民法909条の2の払戻し制度しか使うことができないこととなる。

　②については、預貯金債権を行使する必要性が認められれば、仮処分を行うことができ、家事事件手続法200条2項より要件が緩和されている。相続財産に属する債務の弁済、相続人の生活費の支弁につき事情として掲げられているが例示列挙であり、これに限定されるわけではなく、どのような事情により必要性があるかについての判断は、もっぱら家庭裁判所の裁量に委ねられている。

（2）手続き

　仮処分手続きについては、審判を受けるものとなるべき者の陳述の聴取（家事事件手続法107条）が必要とされているから、各共同相続人に対し聴取手続きが必要となり、相応の期間がかかるものと思われる。
　また、本規定の仮処分に基づき、金融機関に対し払戻し請求を行

う際に必要な書類は、以下のとおりである（一般社団法人全国銀行協会資料参照）。
① 家庭裁判所の仮処分に関する審判書謄本
② 払戻し手続きをする者の印鑑証明書
③ 払戻し請求をする者の運転免許証等の本人確認書類

（3）施行日と経過措置

　本規定の施行日は、令和元年（2019年）7月1日である。
　経過措置については、特別の定めはなく、施行日前に開始した相続についても、新法を適用することとなる。

（4）効果

　本項の仮処分に基づく取得は、あくまでも仮の取得であり、本案である遺産分割調停・審判との関係においては、取得した事実は斟酌すべきでなく、改めて仮分割された預貯金債権を含めて本案の審判等がなされるべきである。

実務への影響と対策

　909条の2は、家庭裁判所の関与を要せず、迅速に手続きができる反面、900条、901条の法定相続分により画一的に算定される額にて権利行使できてしまうため、払戻し請求者が特別受益を受けていた場合、他の相続人の相続分を侵害することがあり得る。
　その場合は、代償金などで事後的に処理することとなるが、払戻し請求者に代償金の弁済資力がなかった場合に問題がある。
　家事事件手続法200条3項の仮分割の仮処分は、要件は緩和されたものの本案係属要件が課されており、また、共同相続人の陳述の聴取手続きもあったりと、手続きとしては重い印象である。
　相続手続きにおける預貯金債権の払戻し実務においては、平成28年

決定により、単独請求はできなくなったが、従来から遺産分割が未了のままであっても、共同相続人全員の関与がある限り、実務上、金融機関は払戻しに応じており、この取扱いは現在も維持されている。
　したがって、平成28年決定により、預貯金債権は遺産分割の対象となったが、その払戻しにあたり、遺産分割が完了することまでは必ずしも必要がなく、分割方法は協議中であるが、手続き自体には協力的である共同相続人間においては、払戻しについては問題がない。
　相続人の1人が認知症で、遺産分割協議もできず、払戻しにあたって成年後見申立てをするために時間がかかる場合や、共同相続人中に連絡がつかない者がいる場合などにおいては909条の2は意義を有するであろう。
　また、葬儀費用については、各金融機関の個別の取扱いとはなるが、預貯金債権の払戻し手続きとは別に、引き出しを認めており、こちらも払戻し制度の新設後も、今までどおり別枠で手続き可能としている。金融機関によっては、150万円以上の払戻しも可能である。
　したがって、葬儀費用の資金需要については、従前どおりこちらで対応することも可能ではあるが、手続き上、共同相続人全員の関与を必要とする金融機関もあり、またそもそもそういった払戻しに対応していない金融機関もあるため、共同相続人の1人が単独で行使できる点においても、民法909条の2は、一定の意義を有するといえるであろう。

チェックシート

1【　　　】に入る語句を埋めよ。

(1) 最大決平成28年12月19日以前の取扱いでは、可分債権の相続については、判例により、相続開始と同時に各共同相続人の相続分に応じて当然に【　　　】するものとされていた。

(2) 遺産分割の大原則として、その対象財産は、【　　　】に存在し、かつ、【　　　】にも存在する【　　　】の共有の相続財産である必要があると解されているため、可分債権は原則として遺産分割の対象とならず、例外的に【　　　　　　】がある場合に限って、実務上、遺産分割の対象とすることを認めてきた。

(3) 最大決平成28年12月19日により判例は、預貯金債権は、相続開始と同時に当然に【　　　】されず、遺産分割の対象となるものと判示し、これまでの相続のルールを、可分債権のうち預貯金債権に限り変更した。

(4) 909条の2は、【　　　　】の関与なくして、以下の額に限り、迅速に預貯金債権の払戻しを認めるものである。

＜単独で権利行使（払戻請求）できる額＞

【　　　】の各預貯金債権額×【　】分の1×当該権利を行使する共同相続人の【　　　】
　　かつ、
1金融機関あたり【　　】万円までの額

(5) 払戻し可能額の計算

　被相続人は、9,000万円の預貯金を持っていた。相続人は長男Aと次男Bである。
① 被相続人は、銀行10行に対し、普通預金として各900万円ずつ預けていた。

　この場合に、Aが払戻しが可能な額は、
　　900万円×【　】分の1×【　】分の1＝【　　】万円
　　【　　】万円×10行分＝合計で、【　　】万円となる。
② 被相続人は、甲銀行に対し普通預金1,400万円、定期預金7,000万円、乙銀行に対し普通預金600万円を預けていた。

　この場合に、Aが払戻しが可能な額は、
　　甲銀行に対しては、【　　】万円
　　乙銀行に対しては、【　　】万円　となる。

(6) 家事事件手続法200条3項の仮分割の仮処分は、【　　】を通じた預貯金債権の払戻し手続きとして、家事事件手続法200条2項の要件を緩和したものとして新設された。

2 次の経過措置の説明について正しいものに○をつけよ。
① 遺産分割前の預貯金の払戻し制度である909条の2は、施行日後に開始した相続について適用する。【　】
② 遺産分割前の預貯金の払戻し制度である909条の2は、施行日前に開始した相続についても適用する。【　】

解答

1 【　　　】に入る語句を埋めよ。

(1) 最大決平成28年12月19日以前の取扱いでは、可分債権の相続については、判例により、相続開始と同時に各共同相続人の相続分に応じて当然に【分割承継】するものとされていた。

(2) 遺産分割の大原則として、その対象財産は、【相続開始時】に存在し、かつ、【遺産分割時】にも存在する【未分割】の共有の相続財産である必要があると解されているため、可分債権は原則として遺産分割の対象とならず、例外的に【共同相続人全員の合意】がある場合に限って、実務上、遺産分割の対象とすることを認めてきた。

(3) 最大決平成28年12月19日により判例は、預貯金債権は、相続開始と同時に当然に【分割承継】されず、遺産分割の対象となるものと判示し、これまでの相続のルールを、可分債権のうち預貯金債権に限り変更した。

(4) 909条の2は、【家庭裁判所】の関与なくして、以下の額に限り、迅速に預貯金債権の払戻しを認めるものである。

＜単独で権利行使（払戻請求）できる額＞

【相続開始】の各預貯金債権額×【3】分の1×当該権利を行使する共同相続人の【法定相続分】
　　かつ、
　1金融機関あたり【150】万円までの額

(5) 払戻し可能額の計算
　　被相続人は、9,000万円の預貯金を持っていた。相続人は長男Aと次男Bである。
① 被相続人は、銀行10行に対し、普通預金として各900万円ずつ預けていた。
　この場合に、Aが払戻しが可能な額は、
　　900万円×【3】分の1×【2】分の1＝【150】万円
　　【150】万円×10行分＝合計で、【1,500】万円となる。
② 被相続人は、甲銀行に対し普通預金1,400万円、定期預金7,000万円、乙銀行に対し普通預金600万円を預けていた。
　この場合に、Aが払戻しが可能な額は、
　　甲銀行に対しては、【150】万円
　　乙銀行に対しては、【100】万円　となる。

(6) 家事事件手続法200条3項の仮分割の仮処分は、【家庭裁判所】を通じた預貯金債権の払戻し手続きとして、家事事件手続法200条2項の要件を緩和したものとして新設された。

2 次の経過措置の説明について正しいものに○を付けよ。
① 遺産分割前の預貯金の払戻し制度である909条の2は、施行日後に開始した相続について適用する。【○】
② 遺産分割前の預貯金の払戻し制度である909条の2は、施行日前に開始した相続についても適用する。【○】

第3節　一部分割の明確化（907条1項、2項）

改正のポイント

・旧法上も認められていた遺産の一部についての遺産分割につき、明文化した改正である。

旧法の取扱いと課題

　争いのある相続といっても、そのすべての遺産の分配について争いがあるわけでは必ずしもなく、争いがあるのは一部の遺産についてのみであって、残りの遺産については争いがないということもある。

　そのような場合においては、遺産の一部分割は、一部についてであっても早期解決を図ることができることとなり、一定の意義がある。

　旧法下においても明文はないものの、遺産の一部分割は当然に認められていた。すなわち、共同相続人は、遺産の一部について遺産分割協議をなすことも自由であるとされていたし、家庭裁判所による遺産分割審判においても一部分割は認められていた。

　ただし、遺産分割審判においては、①一部分割をすることに対し合理的理由があること（必要性）と、②一部分割によって遺産全体についての適正な分割を行うことが不可能とならないこと（相当性）という2つの要件が必要であるとされていた。

　旧法上、課題があったというわけではないが、一部分割が可能であることについて明文の規定がなかったため、今般明文の規定を設けることとした改正である。

改正の内容

1　907条の概要

　907条1項において、共同相続人は、その協議で、遺産の全部又は一部の分割をすることができる旨規定し、まずは原則として共同相続人間の協議による一部分割が可能であることを規定した。

　また、907条2項において、共同相続人間に協議が調わないとき又は協議をすることができないときは、例外的に各共同相続人は、その全部又は一部の分割を家庭裁判所に請求することができる旨規定し、遺産分割審判において全部分割のみならず、一部分割の請求ができることを規定した。

　さらに2項ただし書において、一部分割により、他の共同相続人の利益を害するおそれがある場合においては、家庭裁判所に対し一部分割の請求をすることができない旨を規定した。これは、先述した遺産分割審判における一部分割に必要な要件のうち、②の一部分割によって遺産全体についての適正な分割を行うことが不可能とならないこと（相当性）の明文化である。

　では、具体的にはどのような場合がこれにあたるのであろうか。

　具体例を見てみよう。

【事例】

　被相続人Aの相続人は3人、配偶者Bと長男C、次男Dである。

　遺言はなく、相続開始時の財産は、配偶者Bとともに居住していた自宅の土地建物2,000万円、収益不動産2,000万円、預金1,000万円の合計5,000万円であった。

　配偶者Bは、Aから生前に3,000万円の特別受益にあたる贈与を受けていた。この場合において、Bに自宅の土地建物を取得させる一部分割が認められるか。

第3節　一部分割の明確化（907条1項、2項）　85

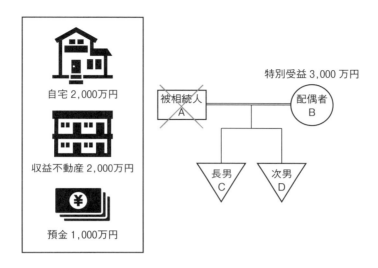

まず、相続人各人の具体的相続分はいくらになるか。

Bの具体的相続分は、
　（5,000万円＋3,000万円）×2分の1－3,000万円＝1,000万円

C、Dそれぞれの具体的相続分は、
　（5,000万円＋3,000万円）×4分の1＝2,000万円ずつとなる。

　この場合において、Bに自宅の土地建物2,000万円を一部分割にて取得させると、Bは1,000万円分多く取得することとなり、代償金等の支払いによって調整することが考えられる。
　しかし、Bにその資力がなく、また取得後に自宅を売却するつもりもない場合において、Cは代償金の支払いを不要と考えているが、Dはそれには反対しており、支払いは必要と考えていたとする。
　このような場合においてまで、Bに自宅の土地建物を取得させる一部分割を認めることは、代償金相当額についてCの利益を害するおそ

れがあるといえ、一部分割は認められないものと考えられる。

2 施行日と経過措置

本規定の施行日は、令和元年（2019年）7月1日である。

経過措置については、特別の定めはないが、従前からの取扱いを明文化した改正であるため、適用の有無によって、効果に差異は生じない。

実務への影響と対策

争いのない遺産については、本条の一部分割により承継者を確定させることで遺産分割における紛争の解決に資することとなる。まとまった金額の資金需要がある場合において、預貯金債権の承継者については争いがない場合などにおいては、第2節において検討した909条の2の払戻し制度や家事事件手続法200条3項の仮分割の仮処分ではなく、一部分割により早期に解決を図ることが明文上も可能となり、一定程度、解決に資するものといえよう。

なお、本条の改正の議論において、一部分割を明文にて認めると、共同相続人において、山林や空き家など経済的価値の低いような不動産については、遺産分割がなされずに放置され、いわゆる所有者不明土地問題が拡大するおそれがあるとの懸念も示されたが、この問題は本条の改正自体の問題ではない。従前より一部分割は当然に認められているわけであり、本条の改正の明文化がその直接の原因ではないからである。

所有者不明土地問題については、現在、法制審議会の民法・不動産登記法部会において、2020年を目標に民法、不動産登記法の改正が検討されており、その中で遺産分割を促進し、未分割のまま放置されている財産の遺産共有の解消のため、遺産分割の期間制限の導入などが検討されているところである。したがって、一部分割がなされ、残部

の遺産分割がなされず放置されてしまう問題については、そちらの改正による手当てが今後期待されるところである。

チェックシート

(1) 争いのある相続といっても、そのすべての遺産の分配について争いがあるわけでは必ずしもなく、争いがあるのは【　　】の遺産についてのみであって、残りの遺産については争いがないということもある。そのような場合においては、遺産の【　　】は、一部についてであっても【　　】を図ることができることとなり、一定の意義がある。

(2) 旧法下においても明文はないものの、遺産の【　　】は当然に認められていた。
　　ただし、遺産分割審判においては、①【　　】をすることに対し合理的理由のあること（【　　】）と②【　　】によって遺産全体についての適正な分割を行うことが不可能とならないこと（【　　】）という2つの要件が必要であるとされていた。

(3) 今般の改正は、明文の規定を設けることとした改正である。
　　907条1項において、共同相続人は、その【　　】で、遺産の全部又は一部の分割をすることができる旨規定し、まずは原則として共同相続人間の【　　】による一部分割が可能であることを規定した。

(4) 907条2項において、共同相続人間に【　　】が調わないとき又は【　　】をすることができないときは、例外的に各共同相続人は、その全部又は一部の分割を【　　　　】に請求することができる旨規定し、遺産分割【　　】において全部分割のみならず、【　　　　】の請求ができることを規定した。

(5) 907条2項ただし書において、【　　　　】により、他の共同相続人の利益を害するおそれがある場合においては、【　　　　】に対し【　　　　】の請求をすることができない旨を規定した。

解答

(1) 争いのある相続といっても、そのすべての遺産の分配について争いがあるわけでは必ずしもなく、争いがあるのは【一部】の遺産についてのみであって、残りの遺産については争いがないということもある。そのような場合においては、遺産の【遺産分割】は、一部についてであっても【早期解決】を図ることができることとなり、一定の意義がある。

(2) 旧法下においても明文はないものの、遺産の【一部分割】は当然に認められていた。
　　ただし、遺産分割審判においては、①【一部分割】をすることに対し合理的理由のあること（【必要性】）と②【一部分割】によって遺産全体についての適正な分割を行うことが不可能とならないこと（【相当性】）という２つの要件が必要であるとされていた。

(3) 今般の改正は、明文の規定を設けることとした改正である。
　　907条１項において、共同相続人は、その【協議】で、遺産の全部又は一部の分割をすることができる旨規定し、まずは原則として共同相続人間の【協議】による一部分割が可能であることを規定した。

(4) 907条2項において、共同相続人間に【協議】が調わないとき又は【協議】をすることができないときは、例外的に各共同相続人は、その全部又は一部の分割を【家庭裁判所】に請求することができる旨規定し、遺産分割【審判】において全部分割のみならず、【一部分割】の請求ができることを規定した。

(5) 907条2項ただし書において、【一部分割】により、他の共同相続人の利益を害するおそれがある場合においては、【家庭裁判所】に対し【一部分割】の請求をすることができない旨を規定した。

第4節　遺産分割前に遺産に属する財産が処分された場合の遺産の範囲（906条の2）

改正のポイント

・遺産の分割前に遺産に属する財産が処分された場合であっても、共同相続人はその全員の同意により、当該処分された財産が遺産の分割時に遺産として存在するものとみなすことができる。
・遺産を処分した共同相続人の同意を得ることを要しない。

旧法の取扱いと課題

　第1節、第2節において述べたが、903条の特別受益の持戻しや904条の2の寄与分の計算をして算出される具体的相続分は、実体法上の権利性まではなく、あくまでも遺産分割において考慮される一定の基準にすぎないものと解されている。したがって、遺産分割の対象となる財産があって初めて、相続分の算定にあたり特別受益等を考慮することができ、遺産分割を通じて共同相続人間の実質的公平を図ることができる。

　遺産分割は、相続人の共有（遺産共有）となった財産について、その共有関係を解消し、財産の帰属、承継先を決定していく手続きであるから、遺産分割の対象となる財産は、①相続開始時に存在し、かつ、②遺産分割時にも存在する、③未分割の共有の相続財産である必要があるものと解されている。

　したがって、共同相続人の一部が相続開始後、遺産分割前に相続財産の一部を処分してしまった場合、②の要件を満たさず、原則として、遺産分割の対象とならないものとされ、例外的に、共同相続人全

員の同意により遺産分割の対象に含めるものとした場合に限り、その対象とすることを実務上認めていた。これには、当該処分をした相続人も含めて全員の同意を得る必要があり、同意が得られなければ遺産分割の対象とすることができず、当該財産については特別受益等を考慮することができない結果、相続人間の実質的公平を図れないことがあった。

また、遺産分割において当該財産を対象とすることができないということは、すなわち当該処分で得た利益について、遺産分割において考慮しないということであり、処分者の手元に多くの利益が存している状態となる。この場合、不当利得返還請求権や不法行為に基づく損害賠償請求権を行使して是正を図ることができるとしても、特別受益等を考慮した具体的相続分に権利性はないから、具体的相続分の計算を前提として、当該請求ができるわけではなく、法定相続割合に従った請求しかできないものと解されていた。

そうすると、当該請求によっても取得分の不公平が是正しきれないことがあり、当該処分をした者の取得分が、処分をしなかった場合に比べて多くなってしまうという事態が生じ得た。

また、第2節において取り扱った909条の2による預貯金の払戻し制度により、適法に預貯金の払戻しがなされた場合、一部遺産分割をしたものとみなすこととなるため、代償金等にて取得分の調整がなされることとなるが、違法に払戻しをした場合は、遺産分割の対象とならずその利益が遺産分割において考慮されないこととなり、違法に払戻しをしたほうが得をするというのは違法行為を助長しかねず妥当でない。

そこで906条の2では、共同相続人の一部が遺産分割前に相続財産の一部を処分した場合、処分しなかった場合に比べて利得することがないように、当該処分をなした共同相続人の同意なくして、当該財産を遺産分割の対象に含めることができることとした。

改正の内容

1 906条の2の概要

（1）906条の2第1項

　906条の2第1項は、遺産の分割前に遺産に属する財産が処分された場合であっても、共同相続人はその全員の同意により、当該処分された財産が遺産の分割時に遺産として存在するものとみなすことができるものとした。

　これは、先述したとおり共同相続人が遺産分割前に遺産の一部を処分してしまった場合、原則として、遺産分割の対象から外れ、例外的に共同相続人全員の同意がある場合に限り、遺産分割の対象とすることを認めてきた従来からの実務上の取扱いを明文化したものである。改正により新たな取扱いや法的効果を生じさせたというわけではない。

（2）906条の2第2項

　906条の2第2項は、共同相続人の一人又は数人により遺産に属する財産が処分された場合、第1項の同意について、当該共同相続人の同意を得ることを要しないものとした。

　906条の2の意義は、この第2項により、遺産に属する財産の処分をした共同相続人の同意を不要とした点にある。すなわち、従来は遺産に属する財産の処分をした共同相続人も含めて、共同相続人全員の同意がなければならず、当該処分をした共同相続人が非協力的である場合、遺産分割の対象とすることができなかったが、本項により、当該処分をした共同相続人の同意を不要とすることにより、遺産分割の対象としやすくなった。

　なお、本条（906条の2）の適用場面は、相続開始後、遺産の分割前に遺産に属する財産が処分された場合である。したがって、相続開始前の処分については適用外である。相続開始前に処分がなさ

れた場合は、被相続人から当該処分をした者に対し、不法行為に基づく損害賠償請求権や不当利得に基づく返還請求権が成立する場合があるが、これらは可分債権として遺産に組み込まれることとなる。可分債権の相続は、相続開始と同時に各共同相続人の相続分に応じて当然に分割されて承継するものとされており（最判昭和29年4月8日）、原則として遺産分割の対象とならない。従前の実務上の取扱いのとおり、例外的に共同相続人の全員の同意がある場合に限り、遺産分割の対象とすることができるが、本条（906条の2）の適用はないため、当該処分をした共同相続人の同意も必要であることとなる。

2 論点

（1）同意の撤回の可否

本条の同意は、共同相続人が処分財産につき、遺産分割時に遺産として存在するものとみなすことに対する同意であり、共同相続人の全員が同意することにより、遺産として存在するものとみなす法律上の効果を生じさせるものであるから、いわゆる意思表示であると解される。意思表示は、特別の規定がない限り撤回が認められないため、本条の同意についても撤回は認められない。

もっとも同意の意思表示が錯誤に基づくものであったり、詐欺又は強迫によるものである場合は、意思表示の規定（95条、96条）の適用があり、取消し得ることとなる。

（2）第三者による処分

第三者により遺産に属する財産が処分された場合であっても、本条の適用があるかという問題である。906条の2第1項は、その処分が共同相続人によって行われた場合に限定していないから、文言上、第三者により遺産に属する財産が処分された場合にも適用がある。ただし、906条の2第2項は、共同相続人により処分がなされ

た場合の規定であるから、当然に適用はなく、第1項の適用があると言っても、共同相続人全員の同意があれば遺産分割の対象とすることができるという従前からの取扱いが維持されていることが明文化されただけであまり大きな意味は持たない。

　例えば、相続開始後、遺産分割前に遺産に属する財産が第三者により破壊された場合、共同相続人は、当該第三者に対し不法行為に基づく損害賠償請求権を取得するが、これを遺産分割の対象とするために、処分された財産を遺産分割の対象とすることも従来から行われてきたことであり、第1項の適用もあるから、共同相続人全員の同意があれば、遺産として存在するものとみなすことができ、遺産分割の対象とすることができるということである。

（3）共同相続人の全員により遺産が処分された場合

　906条の2第2項の適用において、共同相続人の全員により遺産が処分された場合はどうなるのかという問題である。第2項は、「共同相続人の一人又は数人により同項の財産が処分されたとき」と規定しているため、共同相続人全員が、遺産分割前に協力して財産を処分した場合には、同項の適用はない。原則どおり第1項に基づき、共同相続人全員の同意がある場合にのみ、遺産の分割時に遺産として存在するものとみなすことができる。共同相続人全員の同意を要することなく、当然に遺産として存在するものとみなされるわけではない。

3　施行日と経過措置

　本規定の施行日は、令和元年（2019年）7月1日である。
　経過措置については、特別の定めはなく、施行日前に開始した相続についても、新法を適用することとなる。

4 具体例

被相続人甲の相続開始時の相続財産は、不動産7,000万円と預金3,000万円であった。

相続人は長男Aと次男Bである。

遺産分割が未了の間に長男Aは、預金3,000万円を引き出してしまった。また、Aは特別受益として4,000万円の贈与を受けている。

この場合において、906条の2を適用した場合の処理について考えてみよう。

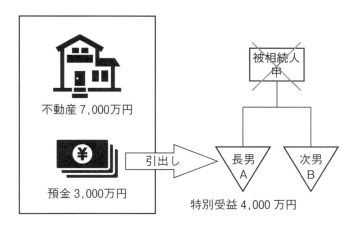

① まず、Aによる引出しがなかった場合について考えてみると、相続開始時の相続財産1億円に対する各相続人の具体的相続分は以下となる。

Aの具体的相続分は、
（1億円＋4,000万円）×2分の1－4,000万円（特別受益）＝3,000万円
Bの具体的相続分は、
（1億円＋4,000万円）×2分の1＝7,000万円である。

そして、特別受益も含めた最終的な取得分は、下記となる。
　　A：3,000万円(具体的相続分)＋4,000万円(特別受益)＝<u>7,000万円</u>
　　B：<u>7,000万円</u>（具体的相続分）

② 次に、Aによる引出しがあった場合について、旧法下での処理について考えてみると、不当に引き出された3,000万円は、遺産分割においては特段考慮しないこととされ、遺産分割の対象は、遺産分割時に存在する財産7,000万円となる。

具体的相続分は、相続開始時の相続財産の価額を基準として算定されるものであることから（903条、904条の2）、その計算は、上記①の引き出しがなかった場合と変わらない。しかし、現実に遺産分割時に存在する財産は、7,000万円しかないのであるから、その取得分の計算は、各相続人の具体的相続分の割合に応じて、案分することとなる。

各相続人の遺産分割時に存在する財産7,000万円に対する取得分は以下となる。

Aの具体的相続分は、

$$7,000万円 \times \frac{3,000万円}{7,000万円 + 3,000万円} = \underline{2,100万円}$$

Bの具体的相続分は、

$$7,000万円 \times \frac{7,000万円}{7,000万円 + 3,000万円} = \underline{4,900万円} \quad である。$$

そして、特別受益、引出しも含めた最終的な取得分は、以下となる。
　　A：2,100万円＋4,000万円(特別受益)＋3,000万円＝<u>9,100万円</u>
　　B：<u>4,900万円</u>（具体的相続分）

したがって、不当に引き出した結果、①の場合と比べて、Aは2,100万円分多く取得しており、不当な結果となる。

　　これを是正するためには、BがAに対し、引出しについて不当利得返還請求権や不法行為に基づく損害賠償請求権を行使することが考えられるが、具体的相続分には権利性がないと解されているため、その請求可能な範囲は、法定相続分に相当する額とされる。すなわち、3,000万円の2分の1の1,500万円までしか認められず、請求が認められたとしても依然としてAは600万円分多く取得することとなる。

③　ここで、909条の2を適用した場合について考えてみると、引き出された3,000万円についても遺産として存在することとなるから、引出しがなかった場合と同様となり、遺産分割時に存在する財産1億円に対する各相続人の具体的相続分は、上記の①と同様となる。

　そして、この場合、Aの3,000万円については、引出しによりすでに取得していることとなるから、Bは、現実に遺産分割時に存在する財産7,000万円をそのまま取得することができ、最終的な取得分についても下記のように是正することができ、公平かつ一回的解決を図ることができる。

　　A：3,000万円（具体的相続分＝引出し分）＋4,000万円（特別受益）
　　　＝<u>7,000万円</u>
　　B：<u>7,000万円</u>（具体的相続分）

実務への影響と対策

　共同相続人全員の同意が得られるような遺産分割においては、処分された財産があったとしても、遺産分割の対象に柔軟に組み込むことができるから問題とならない。問題は、共同相続人全員の同意が得られないような争いのある相続において、家庭裁判所の遺産分割審判手続きを通したとしても、遺産分割の理論的限界から、不当な財産処分をした場合でも遺産分割審判手続きにおいては、その分については考慮ができないという点にあった。

　今までは、不当利得返還請求や不法行為に基づく損害賠償請求によって、遺産分割とは別に訴訟手続きにより解決をするしかなかった。今後は、それに加えて家庭裁判所における遺産分割手続き内で解決することが可能となる。

　簡易かつ合理的な解決に資するものとして、期待されるところである。

チェックシート

(1)　903条の特別受益の持戻しや904条の2の寄与分の計算をして算出される【　　　　】は、実体法上の権利性まではなく、あくまでも遺産分割において考慮される一定の基準にすぎないものと解されている。したがって、遺産分割の対象となる財産があって初めて、相続分の算定にあたり特別受益等を考慮することができ、遺産分割を通じて共同相続人間の【　　　　】を図ることができる。

(2)　共同相続人の一部が相続開始後、遺産分割前に相続財産の一部を処分してしまった場合、原則として、遺産分割の対象とならないものとされ、例外的に、共同相続人全員の【　　　　】により遺産分割の対象に含めるものとした場合に限り、その対象とすることを実務上認めていた。これには、当該処分をした相続人も含めて全員の【　　　】を得る必要があり、それが得られなければ遺産分割の対象とすることができず、当該財産については特別受益等を考慮することができない結果、相続人間の【　　　　】を図れないことがあった。

(3)　また、遺産分割において当該財産を対象とすることができないということは、すなわち当該処分で得た利益について、遺産分割において考慮しないということであり、処分者の手元に多くの利益が存している状態となる。この場合、【　　　　】や【　　　】に基づく【　　　　】を行使して是正を図ることができるとしても、特別受益

等を考慮した【　　　　】に権利性はないから、その計算後の結果を前提として、当該請求ができるわけではなく、【　　　　】に従った請求しかできないものと解されていた。

そうすると、当該請求によっても取得分の不公平が是正しきれないことがあり、当該処分をした者の取得分が、処分をしなかった場合に比べて多くなってしまうという事態が生じ得た。そこで906条の2が新設されたものである。

(4) 906条の2第1項は、【　　　　】前に遺産に属する財産が処分された場合であっても、共同相続人はその全員の【　　　】により、当該処分された財産が遺産の分割時に【　　　　】するものとみなすことができるものとした。本条の同意について【　　】は認められない。

(5) 906条の2第2項は、共同相続人の一人又は数人により遺産に属する財産が処分された場合、1項の【　　】について、当該共同相続人の【　　】を得ることを【　　　】ものとした。

解答

(1) 903条の特別受益の持戻しや904条の２の寄与分の計算をして算出される【具体的相続分】は、実体法上の権利性まではなく、あくまでも遺産分割において考慮される一定の基準にすぎないものと解されている。したがって、遺産分割の対象となる財産があって初めて、相続分の算定にあたり特別受益等を考慮することができ、遺産分割を通じて共同相続人間の【実質的公平】を図ることができる。

(2) 共同相続人の一部が相続開始後、遺産分割前に相続財産の一部を処分してしまった場合、原則として、遺産分割の対象とならないものとされ、例外的に、共同相続人全員の【同意】により遺産分割の対象に含めるものとした場合に限り、その対象とすることを実務上認めていた。これには、当該処分をした相続人も含めて全員の【同意】を得る必要があり、それが得られなければ遺産分割の対象とすることができず、当該財産については特別受益等を考慮することができない結果、相続人間の【実質的公平】を図れないことがあった。

(3) また、遺産分割において当該財産を対象とすることができないということは、すなわち当該処分で得た利益について、遺産分割において考慮しないということであり、処分者の手元に多くの利益が存している状態となる。この場合、【不当利得返還請求権】や【不法行為】に基づく【損害賠償請求権】を行使して是正を図ることができるとしても、特別受益

等を考慮した【具体的相続分】に権利性はないから、その計算後の結果を前提として、当該請求ができるわけではなく、【法定相続割合】に従った請求しかできないものと解されていた。

　そうすると、当該請求によっても取得分の不公平が是正しきれないことがあり、当該処分をした者の取得分が、処分をしなかった場合に比べて多くなってしまうという事態が生じ得た。そこで906条の2が新設されたものである。

(4)　906条の2第1項は、【遺産の分割】前に遺産に属する財産が処分された場合であっても、共同相続人はその全員の【同意】により、当該処分された財産が遺産の分割時に【遺産として存在】するものとみなすことができるものとした。本条の同意について【撤回】は認められない。

(5)　906条の2第2項は、共同相続人の一人又は数人により遺産に属する財産が処分された場合、1項の【同意】について、当該共同相続人の【同意】を得ることを【要しない】ものとした。

第3章

遺言に関する改正

第1節　自筆証書遺言の方式緩和

改正のポイント

- 自筆証書遺言の自筆の要件が緩和された自書によらない財産目録を添付しても有効）
- 相続対象財産の特定の方法として、通帳のコピーや不動産の登記簿謄本を添付することができるようになった

旧法の取扱いと課題

　旧法では、自筆証書遺言はその全文を自書する必要があり、厳格な要式性が求められていた。しかし、遺言を作成する者の多くは高齢者であり、遺言能力はあるが長文を自書することができないといった場合は、遺言書の作成を忌避することも見受けられた。
　また、実際の問題として、全文自書された遺言書が存在したとしても、誤記があり、相続手続き（登記や銀行口座解約等）には適さないといった事例も実務上散見されていた。

改正の内容

１　財産目録における自筆要件の緩和
　今回の改正で、自筆証書遺言に添付する財産目録については自筆でなくともよいものとなった（新法968条2項）。
　遺言書の中の財産目録の部分は、単純に財産の特定を行うため形式的な部分であり自書の必要性が低いため、要件の緩和が認められた。

【事例1】
> 高齢者Aは配偶者B、長男C、長女Dのために自筆証書遺言により遺言を残そうと考えているが、相続対象となる不動産の数があまりにも膨大で、Aには全てを書き記すことが難しい。
> そこでAは相続対象の不動産の登記簿謄本を自筆証書遺言に添付することにより、相続対象財産の特定を行った。

　旧法では、添付する財産目録も含め全てを自書する必要があったので、上記【事例1】のように、財産目録として不動産登記事項証明書を利用した自筆証書遺言は有効な遺言だと認められなかった。改正後も自筆証書遺言自体は自書である必要はあるが、そこに添付される財産目録については、自書を求めないこととされている。

　財産目録部分の自書が求められなくなったことにより、財産の特定を自由な方法により行えるようになった。不動産の地番や家屋番号等を印刷する方法はもちろん、不動産登記事項証明書を自筆証書遺言に添付する方法も有効に扱われることとなる。遺言の対象となる財産が、銀行預金である場合には、銀行預金通帳のコピーを財産目録として利用することもできる。

　なお、自筆証書遺言に添付する財産目録は、その目録の毎葉に遺言者の署名及び押印をしなければならない。特に自書によらない記載が両面に及ぶ場合には、財産目録の両面に署名押印をしなければならない（新法968条2項）。毎葉に署名押印を求めるのは、自筆証書遺言の自書要件を緩和することにより、受遺者や相続人による遺言書の偽装・変造や、財産目録の差し替えが発生することを防ぐためである。

【財産目録を添付する自筆証書遺言の例】

　法務省ＨＰ『自筆証書遺言に関するルールが変わります。』（http://www.moj.go.jp/MINJI/minji07_00240.html）参考資料(1)「自筆証書遺言の方式（全文自書）の緩和方策として考えられる例の参考資料」より

1　遺言書本文（全て自書しなければならないものとする。）

遺　言　書

1　私は、私の所有する別紙目録第1記載の不動産を、長男甲野一郎（昭和○年○月○日生）に相続させる。

2　私は、私の所有する別紙目録第2記載の預貯金を、次男甲野次郎（昭和○年○月○日生）に相続させる。

3　私は、上記1及び2の財産以外の預貯金、有価証券その他一切の財産を、妻甲野花子（昭和○年○月○日生）に相続させる。

4　私は、この遺言の遺言執行者として、次の者を指定する。
　　住　　所　　○○県○○市○○町○丁目○番地○
　　職　　業　　弁護士
　　氏　　名　　丙山　太郎
　　生年月日　　昭和○年○月○日

平成31年2月1日
　　住所　東京都千代田区霞が関1丁目1番1号
　　　　　　　　　　甲　野　太　郎

2　別紙目録（署名部分以外は自書でなくてもよいものとする。）

物　件　等　目　録

第1　不動産
　1　土地
　　　所　　在　　〇〇市〇〇区〇〇町〇丁目
　　　地　　番　　〇番〇
　　　地　　積　　〇〇平方メートル
　2　建物
　　　所　　在　　〇〇市〇〇区〇〇町〇丁目〇番地〇
　　　家屋番号　　〇番〇
　　　種　　類　　居宅
　　　構　　造　　木造瓦葺2階建
　　　床面積　　1階　〇〇平方メートル
　　　　　　　　2階　〇〇平方メートル
　3　区分所有権
　　1棟の建物の表示
　　　　所　　在　　〇〇市〇〇区〇〇町〇丁目〇番地〇
　　　　建物の名称　〇〇マンション
　　専有部分の建物の表示
　　　　家屋番号　　〇〇市〇〇区〇〇町〇丁目〇番の〇〇
　　　　建物の番号　〇〇
　　　　床面積　　〇階部分　〇〇平方メートル
　　敷地権の目的たる土地の表示
　　　　土地の符号　1
　　　　所在及び地番　〇〇市〇〇区〇〇町〇丁目〇番
　　　　地　　目　　宅地
　　　　地　　積　　〇〇平方メートル
　　敷地権の表示
　　　　土地の符号　1
　　　　敷地権の種類　所有権
　　　　敷地権の割合　〇〇〇〇〇分の〇〇〇

第2　預貯金
　1　〇〇銀行〇〇支店　普通預金
　　　口座番号　〇〇〇
　2　通常貯金
　　　記　　号　〇〇〇
　　　番　　号　〇〇〇

　　　　　　　　　　　　　　　　　　　甲　野　太　郎　㊞

2　遺言書の訂正の方法

　訂正の方法は、従前の方式と変わりがなく、財産目録部分の訂正の際にも、従前の方法により訂正を行う必要がある。
　訂正を行う際には、次の手順により行う。

① 　遺言書中の訂正が必要な部分を訂正する。
　　（例）傍線で削除し、挿入する記号を使って追記する等を行う。
② 　訂正した部分を示し、変更した旨を付記して、署名する。
　　（例）第○条第○項中、○字削除、○字加入
③ 　変更した場所に押印する。

　また、財産目録に誤り等があった場合には、財産目録を差し替える形で訂正することも可能である。その際には、次の手順による。

① 　旧目録を破棄するのではなく、訂正が必要な目録に斜線を引いた上で斜線上に印を押し、明らかに旧目録には効力がない意思を明確にする。
② 　新目録に印を押し、署名を行う。
③ 　遺言書の本文に、訂正の経緯を明記し、再度署名を行う。
　　（例）旧目録（別紙○）を削除し、新目録（別紙○）に差し替えた。

【遺言書の訂正の方法の例】

　法務省ＨＰ『自筆証書遺言に関するルールが変わります。』（http://www.moj.go.jp/MINJI/minji07_00240.html）参考資料(2)「遺言書の訂正の方法に関する参考資料」より

遺言書

一　長女花子に，別紙一の不動産及び別紙二の預金を相続させる。

二　長男一郎に，別紙三の不動産を相続させる。

三　東京和男に，別紙四の~~動産~~株式㊞を遺贈する。

平成三十一年二月一日
　　　　法　務　五　郎　㊞

上記三中，二字削除二字追加
　　　　法　務　五　郎

（注）「行書体」で記載している部分は自書。

別紙一

　　　　　　　　　目　録

一　所　在　　東京都千代田区霞が関一丁目
　　地　番　　〇番〇号
　　地　目　　宅地
　　地　積　　〇平方メートル

　　　　　　　　　霞が関 ㊞

二　所　在　　東京都千代田区~~九段南~~一丁目〇番〇号
　　家屋番号　〇番〇
　　種　類　　居宅
　　構　造　　木造瓦葺２階建て
　　床面積　　１階　〇平方メートル
　　　　　　　２階　〇平方メートル

　　　　　　法　務　五　郎　㊞

　　上記二中，三字削除三字追加
　　　　　　法　務　五　郎

別紙二

普通預金通帳　　　　　〇銀行
　　　　　　　　　　　　〇支店
お名前
　法　務　五　郎　様

店番　　　　　　　口座番号
　〇〇　　　　　　　〇〇〇

※　通帳のコピー

法　務　五　郎　㊞

別紙三

様式例・1

表　題　部	（土地の表示）		調製	余白		不動産番号	0000000000000

地図番号	余白		筆界特定	余白			

所　在	特別区南都町一丁目				余白		

①　地　番	②地　目	③　地　積　㎡		原因及びその日付〔登記の日付〕
101番	宅地	300：00		不詳〔平成20年10月14日〕

所　有　者	特別区南都町一丁目1番1号　甲野太郎

権　利　部　（甲　区）	（所　有　権　に　関　す　る　事　項）		
順位番号	登　記　の　目　的	受付年月日・受付番号	権　利　者　そ　の　他　の　事　項
1	所有権保存	平成20年10月15日 第637号	所有者　特別区南都町一丁目1番1号 甲野太郎
2	所有権移転	平成20年10月27日 第718号	原因　平成20年10月26日売買 所有者　特別区南都町一丁目5番5号 法務五郎

権　利　部　（乙　区）	（所　有　権　以　外　の　権　利　に　関　す　る　事　項）		
順位番号	登　記　の　目　的	受付年月日・受付番号	権　利　者　そ　の　他　の　事　項
1	抵当権設定	平成20年11月12日 第807号	原因　平成20年11月4日金銭消費貸借同日 設定 債権額　金4,000万円 利息　年2・60％（年365日日割計算） 損害金　年14・5％（年365日日割計算） 債務者　特別区南都町一丁目5番5号 法務五郎 抵当権者　特別区北都町三丁目3番3号 株式会社南北銀行 （取扱店　南都支店） 共同担保　目録(あ)第2340号

共　同　担　保　目　録				
記号及び番号	(あ)第2340号		調製	平成20年11月12日
番　号	担保の目的である権利の表示	順位番号	予　備	
1	特別区南都町一丁目　101番の土地	1	余白	
2	特別区南都町一丁目　101番地　家屋番号1 01番の建物	1	余白	

これは登記記録に記録されている事項の全部を証明した書面である。

平成21年3月27日
関東法務局特別出張所　　　　　　　　登記官　　　　　　　　法　務　八　郎

＊　下線のあるものは抹消事項であることを示す。　　　　　整理番号　D23992　（1/1）　　1/1

別紙四

　　　　　　　　　目　　録

私名義の株式会社法務組の株式　　１２０００株

　　　　　　　法　務　五　郎　㊞

（3）自筆証書遺言の余白に財産目録を印字する方法の可否

新法では、「自筆証書にこれと一体のものとして相続財産（略）の全部又は一部の目録を添付する場合には、その目録については、自書することを要しない。」（新法968条2項）とされている。

添付とは、自筆された遺言書とは別の紙で財産目録を作成し、それを一体のものとして添えることを想定している。

したがって、自筆証書遺言の本文を記載した紙面の余白に財産目録を印字する方法は認められない。

これを認めると、遺言作成後、第三者によって、財産目録部分を破棄され、余白に財産目録を加筆する方法による偽造の恐れが生じることとなり、また、遺言書中、どの部分まで自書が求められるのかが不明瞭になるためである。

実務への影響と対策

不動産を対象として遺言書を作成する際には、その対象となる財産の特定を明確に行う必要があるが、新法に則り不動産登記事項証明書を遺言書に添付しておくだけでは、財産の特定が不十分であるケースが新たに発生すると考えられる。

例えば、遺言者が、対象となる不動産の持分の一部を有しており、遺言作成後に、遺言者が残りの持分を追加で取得する可能性がある場合には、遺言作成時に保有している持分のみを対象とするのか、遺言者が遺言作成後に追加で取得した部分も含めて死亡時に有している当該不動産の持分全部を対象とするのかを明確にして、遺言を作成する必要がある。

この注意点は、遺言を全文自書する場合でも、財産目録を自書しない場合でも共通して存在する論点である。

特に、財産目録として不動産登記事項証明書を利用した場合には、不動産登記事項証明書上で、既に遺言者名義になっている持分のみを

対象としているのか、その不動産に関して、将来的に取得する持分権をも遺言の対象とする意思があるのかについて、遺言書中で明確にしておくべきであろう。

また、遺言書作成時に地上権を保有している遺言者が、将来的に対象の土地の所有権を取得したような場合にも、同様の論点が存在する。

つまり、その遺言の対象が地上権であるのか、その不動産に関して有する権利（将来取得する所有権を含む。）という趣旨であるのか、明確にしておくべきであるため、遺言の作成時には注意が必要である。

チェックシート

新民法第968条（自筆証書遺言）
第968条　自筆証書によって遺言をするには、遺言者が、その全文、日付及び氏名を自書し、これに印を押さなければならない。

2　前項の規定にかかわらず、自筆証書にこれと一体のものとして相続財産（第997条第1項に規定する場合における同項に規定する権利を含む。）の全部又は一部の【　】を添付する場合には、その【　】については、自書することを要しない。この場合において、遺言者は、その目録の【　】（自書によらない記載がその両面にある場合にあっては、その両面）に【　】し、印を押さなければならない。

3　自筆証書（前項の目録を含む。）中の加除その他の変更は、遺言者が、その場所を指示し、これを変更した旨を付記して特にこれに【　】し、かつ、その【　】の場所に印を押さなければ、その効力を生じない。

解答

新民法第968条（自筆証書遺言）
第968条　自筆証書によって遺言をするには、遺言者が、その全文、日付及び氏名を自書し、これに印を押さなければならない。

2　前項の規定にかかわらず、自筆証書にこれと一体のものとして相続財産（第997条第1項に規定する場合における同項に規定する権利を含む。）の全部又は一部の【目録】を添付する場合には、その【目録】については、自書することを要しない。この場合において、遺言者は、その目録の【毎葉】（自書によらない記載がその両面にある場合にあっては、その両面）に【署名】し、印を押さなければならない。

3　自筆証書（前項の目録を含む。）中の加除その他の変更は、遺言者が、その場所を指示し、これを変更した旨を付記して特にこれに【署名】し、かつ、その【変更】の場所に印を押さなければ、その効力を生じない。

第2節　遺言書保管法

改正のポイント

- 自筆証書遺言を法務局に保管請求できるようになる
- 自筆証書遺言も公正証書遺言と同様、相続人が発見しやすくなる
- 遺言書保管制度により自筆証書遺言が家庭裁判所で検認が不要になる

旧法の取扱いと課題

　従来の自筆証書遺言には、「紛失、破棄、原本が変造される、発見されない」というリスクが指摘されており、公正証書遺言に比べ、手軽に作成できるというメリットはあるものの、法的な安全性に欠ける面も大いにあった。
　また、自筆証書遺言は、「これを家庭裁判所に提出して、その検認を請求しなければならない。」（旧法1004条）とされており、相続人への手続き的な負担も存在した。

改正の内容

1　自筆証書遺言の保管の申請
（1）遺言書保管所
　遺言書の保管の申請は、遺言者の所在地若しくは本籍地又は、遺言者が所有する不動産の所在地を管轄する遺言書保管所の遺言書保管官に対してすることができる（法務局における遺言書の保管等に関する法律（以下「保管法」という。）4条）。
　全国の法務局のうち、法務大臣が指定した法務局（支局等を含

む。）が遺言書の保管に関する事務をつかさどる（保管法2条）。

（2）保管請求ができる遺言書

保管請求ができる遺言は、次の要件を満たす遺言である（保管法1条、4条2項）。
- 自筆証書遺言であること。
- 無封であること。
- 法務省令で定める様式に従って作成されていること。

このうち、無封であることを要件としている理由は、遺言書保管官が遺言書の内容について、形式的な審査（詳細は後述する）を行うためである。

また、法務省令で定める様式とは、未だ法務省令の内容が確定していないため、詳細は不明であるが、遺言書保管の事務の円滑に資するように、遺言書の用紙の大きさ等を定めることが予定されているとされる（令和元年12月1日現在）。

（3）遺言書保管官による確認

遺言書保管所における事務は、遺言書保管官（遺言書保管所に勤務する法務事務官のうちから、法務局又は地方法務局の長が指定する者をいう。以下同じ。）が取り扱うこととされている（保管法3条）。

遺言書保管官は、保管申請があった遺言について、外形的な確認を行うものとされる。

確認の内容は、
- 自筆証書遺言の要式を満たしているか。
- 保管申請人が、遺言者本人であるかどうか（本人確認）（保管法5条）

であり、遺言書の内容の有効性や適法性については含まれない。

（4）代理人による申請

代理人による申請は一切認められていない（保管法4条6項）。

これは、遺言者本人の意思に基づかない遺言書の保管を防ぐ趣旨である。

現在の遺言書作成実務では、外出が困難である高齢者の遺言書を作成する場合には、公証人の出張を依頼することが多いが、遺言書保管官の出張の制度などは予定されていない。

（5）手数料

遺言書保管申請をする際に、手数料の納付が必要となる。

具体的な金額は、政令にて定める予定である（令和元年12月1日現在）。

なお、この手数料は、収入印紙で納付することとなる（保管法12条2項）。

（6）申請の撤回

遺言書の保管を申請した遺言者は、いつでもその保管申請を撤回することができる（保管法8条）。

撤回しようとする遺言者は、撤回書を遺言書保管官に提出する方法により、撤回を行うが、この手続きも、本人が出頭して行う必要があり（保管法8条3項）、代理人による撤回は一切認められていない。

撤回を行えば、遺言者本人に遺言書原本が返還され、遺言書保管所に記録された情報は削除される（保管法8条4項）。

2 遺言書保管官による保管
（1）保管方法

遺言書保管官は、保管申請があった遺言書の原本を保管するとと

もに、その画像データも保管する。

　また、事後的な検索や相続人に対する通知（後述する）の事務に役立てるため、遺言書とともに、下記の情報も保管される。

　　・遺言書に記載されている作成の年月日
　　・遺言者の氏名、出生の年月日、住所及び本籍（外国人にあっては、国籍）
　　・受遺者の氏名又は名称及び住所
　　・遺言執行者の氏名又は名称及び住所
　　・遺言書の保管を開始した年月日
　　・遺言書が保管されている遺言書保管所の名称及び保管番号

（２）保管期間

　遺言書保管官は、「遺言者の死亡の日（遺言者の生死が明らかでない場合にあっては、これに相当する日として政令で定める日）から相続に関する紛争を防止する必要があると認められる期間として政令で定める期間」遺言書を保管するものとされる。

　類似の制度として、公証人による公正証書の保存期間が参考になるが、これについても明確な規定がない。公証人法施行規則では、公正証書の保存期間は「20年」とされる（公証人法施行規則27条1項）が、20年では、保存期間として短く、遺言者が存命のうちに満了してしまう恐れがあるため、「保存期間の満了した後でも特別の事由により保存の必要があるときは、その事由のある間保存しなければならない。」とする公証人施行規則27条3項が適用される。

　ほとんどの公証役場では、最短でも、遺言者が120歳になる年齢までは保管される取扱いになっているようである。

3 閲覧・証明書交付請求

(1) 閲覧の請求

① 遺言者生前の閲覧請求

遺言者は、その生前いつでも閲覧の請求を行うことができる。

この閲覧の請求は、遺言書の保管を申請した遺言書保管所に対してのみ行うことができるため、全国どこの法務局に出向いてもよいわけではない。

また、代理人による閲覧の申請は、一切認められていない（保管法6条4項）。

② 遺言者の死後の閲覧請求

遺言者の相続人、受遺者、受遺者の相続人、遺言執行者等は、遺言者の死後、保管された遺言書を閲覧させるよう請求することができる。

なお、この閲覧の請求は、遺言書の保管を申請した遺言書保管所に対してのみ行うことができるため、全国どこの法務局に出向いてもよいわけではない。

(2) 遺言書保管事実証明書の交付請求

遺言書保管事実証明書とは、この書面を交付請求した者が「遺言者の相続人」「受遺者、受遺者の相続人」「遺言執行者」となっている遺言書の保管があるかどうかを証明する書面である（保管法10条1項）。

つまり、遺言者の相続人がこの書面を交付請求した場合、被相続人の遺言書が保管されていれば、その旨が証明されることとなる。

また、遺言者の相続人以外の者がこの書面を交付請求した場合には、遺言者の遺言書が保管されており、かつ、交付請求した者が「その遺言における受遺者」となっている（又は受遺者の相続人である）場合に、その旨が証明されることとなる。

この書面は、遺言者の死後、全国どの遺言書保管所においても交付請求をすることができる（保管法10条2項・9条2項）。

(3) 遺言書情報証明書の交付請求

遺言書情報証明書とは、遺言書の内容（画像データ）を証明する書面である。

遺言者の死後、遺言者の相続人、受遺者、受遺者の相続人、遺言執行者等から交付請求を行うことができる。

従前の遺言公正証書正本や、検認済み自筆証書遺言と同様、この書面を用いて、不動産登記申請手続きや金融機関への口座解約手続きを行うことができる。

また、この書面は、全国どの遺言書保管所においても交付請求をすることができる（保管法9条2項）。

(4) 死後の閲覧、書面の交付請求の効果―他の相続人への通知―

遺言書保管官は、相続人等に遺言書情報証明書若しくは遺言書保管事実証明書を交付し又は相続人等に遺言書の閲覧をさせたときは、速やかに、当該遺言書を保管している旨を遺言者の相続人、受遺者、遺言執行者等に通知をしなければならない（保管法9条5項）。

遺言者が保管申請をする際の提出書類に、遺言執行者の住所を記載させ、また、相続人による書面の交付請求又は閲覧請求の際に、提出書類に、相続人の住所を記載させることを予定しており、把握している住所に対して、通知を行うことが想定される。

4 遺言書の検認の適用除外

遺言書保管所に保管されている遺言書については、検認が不要となる（保管法11条）。

遺言書保管法により遺言書保管所に保管される遺言書については、

遺言書保管官がこれを厳重に保管することにより、第三者による偽造変造の恐れがなくなるためである。なお、公正証書遺言についても公証人が作成、保管を行うため、検認は不要である。

実務への影響と対策

○ 保管した遺言書の変更

　遺言書保管所に保管した遺言書の変更方法については特段規定がないため、遺言書の変更を行いたい場合は、保管の申請を撤回し遺言書の返還を受けるか、新たに遺言書を書き直す必要がある。

　遺言書の保管の申請の撤回をする際には、撤回したい遺言書を保管している遺言書保管所の遺言書保管官に対し遺言者自らが出頭して行わなければならない（その際にも保管の申請と同様に、本人確認を行う必要がある）。

　遺言者は、遺言書を保管した段階では自ら出頭することができたとしても、遺言書の変更を行う段階において、遺言者が高齢になっており、体力的に自ら出頭できなくなっていることも想定される。

　そのような場合には、遺言者の最終遺志を遺言書に反映させるため、①新たに自筆証書遺言を作成し遺言者自ら保管しておく方法と、②新たに公正証書遺言を作成する方法がある。

　①の方法によれば、やはり、紛失、変造・破棄、発見されないなどのリスクが生じるため、②の公正証書遺言を作成する方法が好ましいといえる。

　実務上、外出が難しい高齢者の遺言書作成には、公証人に出張依頼をすることもできるため、その点においても、現実的には②によるべきであろう。

チェックシート

- 自筆証書遺言は、その保管方法が各人に任されており、作成後に紛失したり、隠匿や変造されたりするおそれがある。そこで自筆証書遺言の原本を公的機関が保管する制度が創設されることとなった。

- 「民法」ではなく「法務局における遺言書の保管等に関する法律」という特別法による立法である。

- 法務大臣の指定する法務局が、今後「遺言書保管所」として遺言書の保管に関する事務をつかさどる。

- 遺言者は、遺言書保管官に対して、遺言書を【　】の状態で、遺言書保管所に【　】して保管申請することができる。
　遺言書保管官に対する遺言書の保管申請は専門家等の第三者が代理して申請することは【　　】。

- 遺言者は、その生前、いつでも遺言の【　】の請求を行うことができる。
　この請求は、遺言書の保管を申請した遺言書保管所に対してのみ行うことができるため、全国どこの法務局に出向いてもよいわけではない。また、代理人による閲覧の申請は【　　　】。

解答

- 自筆証書遺言は、その保管方法が各人に任されており、作成後に紛失したり、隠匿や変造されたりするおそれがある。そこで自筆証書遺言の原本を公的機関が保管する制度が創設されることとなった。

- 「民法」ではなく「法務局における遺言書の保管等に関する法律」という特別法による立法である。

- 法務大臣の指定する法務局が、今後「遺言書保管所」として遺言書の保管に関する事務をつかさどる。

- 遺言者は、遺言書保管官に対して、遺言書を【無封】の状態で、遺言書保管所に【出頭】して保管申請することができる。
  遺言書保管官に対する遺言書の保管申請は専門家等の第三者が代理して申請することは【できない】。

- 遺言者は、その生前、いつでも遺言の【閲覧】の請求を行うことができる。
  この請求は、遺言書の保管を申請した遺言書保管所に対してのみ行うことができるため、全国どこの法務局に出向いてもよいわけではない。また、代理人による閲覧の申請は【できない】。

チェックシート

- 遺言者の相続人、受遺者、受遺者の相続人、遺言執行者等は、遺言者の【　】、保管された遺言書を【　】させるよう請求することができる。なお、この閲覧の請求は、遺言書の保管を申請した遺言書保管所に対してのみ行うことができるため、全国どこの法務局に出向いてもよいわけではない。

- 遺言書保管事実証明書とは、この書面を交付請求した者が【　　　　】、【　　　】、【　　　　　　】、【　　　　　】となっている遺言書の保管があるかどうかを証明する書面である。つまり、遺言者の【　　】がこの書面を交付請求した場合、被相続人の遺言書が保管されていれば、その旨が証明されることとなる。
  また、【　　　　　　　　　　】がこの書面を交付請求した場合には、遺言者の遺言書が保管されており、かつ、交付請求した者が「その遺言における受遺者」となっている（又は受遺者の相続人である）場合に、その旨が証明されることとなる。

- 遺言書保管事実証明書は、遺言者の【　　】、全国どの遺言書保管所においても交付請求をすることができる。

- 遺言書情報証明書とは、遺言書の【　　】を証明する書面である。遺言者の【　　】において、遺言者の【　　　】、【　　　】、【　　　　　】、【　　　　　　】等から交付請求を行うことができる。

・　従前の遺言公正証書正本や、検認済み自筆証書遺言と同様、遺言書保管事実証明書を用いて、【　　　　】申請手続きや金融機関への【　　　】手続きが行える。また、この書面は、全国どの遺言書保管所においても交付請求をすることができる。

・　遺言書保管官は、遺言書情報証明書を交付し又は遺言書の閲覧をさせたときは、速やかに、遺言書を保管している旨を遺言者の相続人、受遺者、遺言執行者に【　　】する（保管法9条5項）。

・　遺言書保管所に保管されている遺言書について【　　】は不要となる（保管法11条）。

解答

- 遺言者の相続人、受遺者、受遺者の相続人、遺言執行者等は、遺言者の【死後】、保管された遺言書を【閲覧】させるよう請求することができる。なお、この閲覧の請求は、遺言書の保管を申請した遺言書保管所に対してのみ行うことができるため、全国どこの法務局に出向いてもよいわけではない。

- 遺言書保管事実証明書とは、この書面を交付請求した者が【遺言者の相続人】、【受遺者】、【受遺者の相続人】、【遺言執行者】となっている遺言書の保管があるかどうかを証明する書面である。つまり、遺言者の【相続人】がこの書面を交付請求した場合、被相続人の遺言書が保管されていれば、その旨が証明されることとなる。
  また、【遺言者の相続人以外の者】がこの書面を交付請求した場合には、遺言者の遺言書が保管されており、かつ、交付請求した者が「その遺言における受遺者」となっている（又は受遺者の相続人である）場合に、その旨が証明されることとなる。

- 遺言書保管事実証明書は、遺言者の【死後】、全国どの遺言書保管所においても交付請求をすることができる。

- 遺言書情報証明書とは、遺言書の【内容】を証明する書面である。遺言者の【死後】において、遺言者の【相続人】、【受遺者】、【受遺者の相続人】、【遺言執行者】等から交付請求を行うことができる。

- 従前の遺言公正証書正本や、検認済み自筆証書遺言と同様、遺言書保管事実証明書を用いて、【不動産登記】申請手続きや金融機関への【口座解約】手続きが行える。また、この書面は、全国どの遺言書保管所においても交付請求をすることができる。

- 遺言書保管官は、遺言書情報証明書を交付し又は遺言書の閲覧をさせたときは、速やかに、遺言書を保管している旨を遺言者の相続人、受遺者、遺言執行者に【通知】する（保管法9条5項）。

- 遺言書保管所に保管されている遺言書について【検認】は不要となる（保管法11条）。

第3節　遺言執行者の権限の明確化

改正のポイント

・遺言執行者の権限が明確化する（相続させる旨の遺言があった時の手続き等）
・遺言執行者の復任の要件が緩和される
・遺言執行者が就職した場合には、遅滞なく、遺言の内容を相続人に通知しなければならないこととなる

旧法の取扱いと課題

　旧法下では、遺言執行者に関する規定が少なく、またその立場や権限があいまいであるがゆえに、次のような問題が生じていた。

（1）相続人の代理人という立場をめぐる問題
　遺言執行者は、遺言を執行する義務を負うため、その遺言がたとえ、相続人の遺留分を侵害するような遺言であったとしても、原則は、遺言書の内容を実現する義務を負う。
　また、旧法では、遺言執行者は、「相続人の代理人」である（旧法1015条）とされており、この条文の文言を重視するのであれば、遺留分を侵害されている相続人の代理人でもあることとなる。
　つまり、一方では、遺留分を侵害するような遺言執行を行う義務を負い、もう一方では、遺留分を侵害されている相続人の代理人としての責務を負うという、二律背反した立場が併存する状態を招いており、問題視されていた。

（2）相続人に対し、相続させる旨の遺言があった場合の問題

相続人に対し、相続させる旨の遺言があった場合、判例は、これを遺言による「遺産分割方法の指定」と解釈する（最二判平成3年4月19日（香川判決））。

つまり、本来行うべき遺産分割協議の結果を、遺言者が遺言書において指定していることとなる。したがって、相続財産は当然に相続人へ帰属し、相続人自ら登記申請などの手続きも行うことができる。

このような場合、遺言執行は、相続人各人で行えるため、遺言執行者の職務は顕在化せず、登記申請などの手続きを行う権限もないものとされていた。

ただし、遺言執行者の遺言執行権限が顕在化する場合が全くないとしているわけではなく、例えば、遺言の内容と異なる相続登記が誤ってなされているような場合には、正確な登記名義を回復する手続きを行うという職務が顕在化するとされている。

（3）遺言執行者の復任権が制限されている問題

遺言執行者が、自らの事務を第三者に行わせる場合、復任権を行使することになる。この復任権の行使は、「やむを得ない事由がなければ」認められていなかった（旧法1016条）。

専門的な知識が必要となる相続手続きを、やむを得ない事由がない限り、専門家に任せることができず、遺言執行者がすべて行う必要があるとされていたわけである。

（4）相続人が、遺言執行者と遺言の存在を知る機会が保障されていない問題

相続が発生した場合、相続人にとって、遺言の内容や遺言執行者の指定の有無についての情報は非常に重要である。遺言の内容に関する情報が相続人にとって重要な理由は言うまでもなく、自らがど

の財産を相続するのかを把握する点にある。

　また、遺言執行者の存否についても、遺贈があった場合、相続人自ら、遺贈の義務を履行すべきなのか、遺言執行者が行うべきなのかを明確にさせるために、知っておく必要がある。

　しかし、旧法下では、各相続人には、遺言の内容や遺言執行者が就任した事実を知る機会が保障されていなかったため、今回の改正において見直されることとなった。

改正の内容

1　相続人の代理人である旨の規定の改正

　前述したように、遺言執行者は、相続人の代理人である旨が規定されていた。しかし、遺留分を侵害する遺言が作成された場合、遺言執行者と遺留分権者である相続人は対立する立場となるため、問題が生じていた。

　そこで改正法では、旧法1015条の本質的な意味に着目した改正がなされた。旧法1015条の本質的な意味は、「遺言執行者がその権限内において遺言執行者であることを示してした行為は、相続人に対して直接にその効力を生ずる。」ところにある。

　したがって、代理人である旨の規定は削除され、効果をそのまま成文化する改正が行われた。

2　相続させる旨の遺言があった時の権限の明確化

　相続人に対し、相続させる旨の遺言があった場合、判例は、これを遺言による「遺産分割方法の指定」と解釈し（最二判平成3年4月19日（香川判決））、各相続人において、遺言の内容を実現する手続き（遺言執行）を行うことができるため、遺言執行者の職務は顕在化しないというのが旧法下での取り扱いであった（前述「旧法の取扱いと課題」の（2）参照）。

つまり、相続させる旨の遺言が作成されていた場合、たとえ遺言執行者が選任されていたとしても、相続登記の申請などの遺言執行業務を行うことができないとされていたわけである。

改正後は、相続させる旨の遺言が作成されており、遺言執行者が選任されている場合、遺言執行者が、その職務として相続登記申請（※）や金融機関に対する口座解約の手続きを行うことができるとされた（1004条2項・3項）。

この背景には、改正後の民法において、法定相続分を超えて相続により財産権を承継した相続人と第三者との関係において、対抗要件主義を採用することとされた（899条の2第1項）ため、改正前よりも登記申請等の遺言執行を早急に行う需要が高まる事情が存在する。

なお、遺言執行者が選任されている場合においても、各相続人は、自ら相続登記等の申請ができるものと解されている。遺言の内容を相続人が自ら実現することは、遺言の執行の妨害行為の禁止を定める1013条に抵触しないためである。

※　登記申請手続きにおいて、遺言執行者が相続登記を申請した場合、登記識別情報通知が遺言執行者に対し発行されるかどうか、疑義があると一部の専門家から指摘がされていた。

　登記識別情報通知は、不動産登記法21条において「申請人自らが登記名義人となる場合」に発行されるとされており、遺言執行者から登記申請があった場合、誰を申請人と考えるのかが問題となる。遺言執行者を申請人ととらえれば、登記識別情報通知は発行されないこととなり、相続人を申請人ととらえれば、登記識別情報通知は発行されることとなる。実務上は、登記識別情報通知は発行されているようである。

3　復任の要件を緩和

遺言執行者は自己の責任で第三者にその任務を行わせることができるようになった。旧法下では遺言執行者は原則として、やむを得ない事由がなければ第三者にその任務を行わせることができず、復任権が

制限されていた（旧法1016条）。

　新法ではやむを得ない事由がなくとも「自己の責任で第三者にその任務を行わせることができる。」（1016条1項）とし、復任権の行使の要件を緩和した。

　また、復任権を行使した場合の責任として、「第三者に任務を行わせることについてやむを得ない事由があるときは、遺言執行者は、相続人に対してその選任及び監督についての責任のみを負う。」（1016条2項）こととして、責任の範囲を明確にした。

4　遺言執行者による遺言の内容の通知

　改正後の民法では、「遺言執行者は、その任務を開始したときは、遅滞なく、遺言の内容を相続人に通知しなければならない。」旨が規定された。

　相続人は遺言の内容について、大きな利害関係を有することになるため規定されたものである。

　なお、1007条2項は遺言執行者に対し相続人に遺言の内容を通知する義務を課しているものであって、遺言執行者が遺言執行者に就任した旨の通知を行うべき明文の規定はない。これは、遺言執行者から遺言の内容の通知があれば、相続人は、当然に遺言執行者が就任した事実を知ることとなるため、改めて、明文で定める必要性が乏しいと判断されたものと考えられる。

　しかし、遺言の内容を通知しただけでは、遺言執行者が就任した旨が判明しない場合もある。例えば、家庭裁判所により選任された遺言執行者等がそれにあたるが、この場合には、遺言内容の通知と合わせて、自らが遺言執行者に就任した旨を家庭裁判所の選任決定正本の写しなどを添えて通知すべきものと考えられる。

　遺言執行者の通知義務は「相続人」についての規定であり、受遺者については適用されない。ただし、包括受遺者については「相続人と同一の権利義務を有する」（990条）ため、相続人と同様、通知する必

要がある。

実務への影響と対策

1 遺留分侵害額請求の相手方

　遺言執行者は、相続人の代理人という立場ではなくなった。

　さらに、遺言執行者は、「遺言の内容を実現するため、相続財産の管理その他遺言の執行に必要な一切の行為をする権利義務を有する。」とされるため、遺言の内容の実現のみがその職務であると明確に規定された。

　このため、遺言により遺留分が侵害される相続人がいたとしても、遺言の内容の通りに手続きを行うこととなる。

　また、改正後の民法下では、遺留分の侵害を受けた相続人は、「遺留分侵害額請求」により、自らの遺留分を金銭請求により回復されるものとされた。

　この遺留分侵害額請求の相手方は、受遺者又は受贈者となり、遺言執行者は、裁判上の被告適格も有さないものと考えられる。

2 相続人の調査義務

　「遺言執行者は、その任務を開始したときは、遅滞なく、遺言の内容を相続人に通知しなければならない。」(1007条2項)ため、まず、相続人を把握する必要がある。

　したがって、遺言執行者は、被相続人の戸籍を出生から死亡まで全て取得し、相続人を調査する必要がある。

　この場合、遺言執行者は「自己の義務を履行するために戸籍の記載事項を確認する必要がある」(戸籍法10条の2第1項1号)ため、遺言書を提示して、市区町村長に対し、戸籍謄本の交付請求を行うことができるものと考えられる。

チェックシート

- 旧法下では、遺言執行者は、相続人の【　　】である旨が規定されていた。
  　改正法では、「遺言執行者がその権限内において遺言執行者であることを示してした行為は、相続人に対して直接にその効力を生ずる。」とする改正が行われた。

- 相続人に対し、【　　　　　】があった場合、遺言執行者の職務は【　　】しないというのが旧法下での取り扱いであった。
  　改正後は、相続させる旨の遺言が作成されており、遺言執行者が選任されている場合には、遺言執行者が、その職務として【　　　】や金融機関に対する【　　　】の手続きを行うことができるとされた。

- 旧法下では遺言執行者は原則として、【　　　　　】がなければ第三者にその任務を行わせることができず、【　　】が制限されていた。
  　新法では【　　　　】がなくとも「自己の責任で第三者にその任務を行わせることができる。」とし、【　　】の行使の条件を緩和した。

- 改正後の民法では、遺言執行者は、その任務を開始したときは、遅滞なく、遺言の内容を相続人に【　　】しなければならない旨が規定された。相続人は遺言の内容について、大きな利害関係を有することになるため規定されたものである。

- 遺言執行者の通知義務は【　　】についての規定であり、【　　】については適用されない。ただし、【　　　】については「相続人と同一の権利義務を有する」（990条）ため、【　　】と同様、通知する必要がある。

解答

- 旧法下では、遺言執行者は、相続人の【代理人】である旨が規定されていた。

  改正法では、「遺言執行者がその権限内において遺言執行者であることを示してした行為は、相続人に対して直接にその効力を生ずる。」とする改正が行われた。

- 相続人に対し、【相続させる旨の遺言】があった場合、遺言執行者の職務は【顕在化】しないというのが旧法下での取り扱いであった。

  改正後は、相続させる旨の遺言が作成されており、遺言執行者が選任されている場合には、遺言執行者が、その職務として【相続登記申請】や金融機関に対する【口座解約】の手続きを行うことができるとされた。

- 旧法下では遺言執行者は原則として、【やむを得ない事情】がなければ第三者にその任務を行わせることができず、【復任権】が制限されていた。

  新法では【やむを得ない事情】がなくとも「自己の責任で第三者にその任務を行わせることができる。」とし、【復任権】の行使の条件を緩和した。

- 改正後の民法では、遺言執行者は、その任務を開始したときは、遅滞なく、遺言の内容を相続人に【通知】しなければならない旨が規定された。相続人は遺言の内容について、大きな利害関係を有することになるため規定されたものである。

- 遺言執行者の通知義務は【相続人】についての規定であり、【受遺者】については適用されない。ただし、【包括受遺者】については「相続人と同一の権利義務を有する」（990条）ため、【相続人】と同様、通知する必要がある。

第4章　遺留分に関する改正
－遺留分の新たな保全制度と算定方法の明確化－

第1節　遺留分減殺請求権の金銭債権化

改正のポイント

- 「遺留分減殺請求権」は「遺留分侵害額請求権」へ変更となり、遺留分権利者が行使する権利は、遺留分侵害額に対する金銭の支払いを請求する金銭債権となった。
- 裁判所による支払い期限の許与制度の新設

旧法の取扱いと課題

1　遺留分減殺請求権の効力（物権的効果）

　旧法では、遺留分権利者が、遺留分を主張し受遺者又は受贈者へその遺留分を請求する場合は、遺留分減殺請求を行うこととなっていた。遺留分減殺請求がなされると、物権的効果が生じ、遺贈又は贈与は遺留分を侵害する限度において失効し、当然に遺留分権利者へその権利が帰属すると解されていた（最判昭和51年8月30日）。それに伴い、遺贈又は贈与の目的が分割可能な特定の財産であるような場合を除き、受遺者又は受贈者と遺留分権利者との共有状態になることが多く生じていた。

　遺留分を算定するための財産の評価方法で協議が整わないなど、争いが長期化した場合には、その間ずっと共有状態が解消されないこととなる。共有状態においては、変更（処分）行為について、共有者全員の同意を要するため、共有者間で意見が一致しない場合は、変更（処分）行為ができないこととなり、例えば、事業承継の場面において、事業用の不動産や自社株が贈与されたことにより、遺留分減殺の目的財産となった場合には、その後の事業運営が困難になるなどの弊

害が生じていた。

2　金銭による支払い

　遺留分減殺請求がなされた場合、基本的には物権的効果が生じ現物での返還となるが、例外として、受遺者又は受贈者は、金銭での支払い（価額弁償）を行うことによって、減殺にかかる目的物の返還義務を免れることが可能であった（旧法1041）。

　ただし、これはあくまでも受遺者又は受贈者の権利として認められていたにすぎず、たとえ遺留分権利者が現物での返還を希望せず、金銭にて遺留分侵害額に相当する額を受け取ることができればその保護として十分な場合であっても、受遺者又は受贈者が希望しない限り遺留分権利者の側から金銭での支払いを請求することは認められていなかった。

　そこで、今回の改正においては、物権的効果を生じさせる遺留分減殺制度から遺留分侵害額相当の金銭債権を発生させる制度へと遺留分の保全制度を変更することとされたものである。

改正の内容

1　遺留分減殺請求権の効力の見直し（物権的効果から債権的効果へ）

　今回の改正により、「遺留分減殺請求権」は、「遺留分侵害額請求権」へ変更となり、遺留分権利者が行使する権利は遺留分侵害額に相当する金銭の支払いを請求する金銭債権となるものとされた（新法1046①）。

　したがって、遺留分権利者より遺留分侵害額請求権を行使されたとしても、遺贈又は贈与の目的物につき権利変動は生じないこととなり、専ら金銭での解決に委ねられることとなった。

　これにより受遺者又は受贈者の財産上の地位について、法的安定が図られることとなり、特に事業承継の場面において、旧法下では、不

動産や株式等の目的財産の評価をめぐって争いが生じると、その問題が解決するまでは共有状態が継続し、事業の運営に支障をきたしてしまうこともあったところ、専ら金銭での解決に委ねられることとなったことにより、例え解決までに時間がかかったとしても、事業自体は滞りなく運営することが可能となった。

【事例1：事業承継における具体例】

亡経営者Aの財産：事業用不動産、自社株のみ
相続人：子B（事業承継者）、C（事業への関与なし）
遺言内容：Bに事業用不動産と自社株を全て相続させる

　Cの遺留分＝1/2(全体の遺留分)×1/2(Cの法定相続分)＝1/4

《改正前》
　CがBに対し遺留分減殺請求権を行使すると、不動産及び自社株のそれぞれについて、Cに4分の1の割合の所有権が帰属し、各財産につき当然にB4分の3、C4分の1の共有となる（自社株の共有については、例えば4,000株であった場合、1株ごとにおいてB4分の3、C4分の1の共有となる。Bが3,000株、Cが1,000株とはならないことに注意する。）。

〔問題点〕
　この場合の問題点として、共有状態が解消されない間は、B単独で、下記の行為を行うことができず、Cの同意が必要となる(※)。
・不動産の売却
・不動産の担保提供（融資を受けること）
・自社株の譲渡

※　民法の共有に関する規定が適用されるからである。これらの行為は共有物の変更（処分）行為にあたり、各共有者は、他の共有者の同意を得なければ、共有物に変更を加えることができない（251条）。

　なお、共有に属する自社株の議決権の行使については、特段の事情のない限り、株式の管理に関する行為として、各共有者の持分の価格に従い、その過半数で決せられる（252条本文、最判平成27年2月19日）。また共有株式の権利の行使においては、会社法上、権利行使者一人を定め、会社に対し通知する必要がある（会社法106条）のが原則であるが、この権利行使者の決定についても同様に管理行為である（最判平成9年1月28日）。

　したがって、本事例においては、Bは持分価格の過半数である持分4分の3を有しているから、単独で議決権を行使することはできる。

会社法第106条（共有者による権利の行使）

> 会社法第106条　株式が二以上の者の共有に属するときは、共有者は、当該株式についての権利を行使する者一人を定め、株式会社に対し、その者の氏名又は名称を通知しなければ、当該株式についての権利を行使することができない。ただし、株式会社が当該権利を行使することに同意した場合は、この限りでない。

《改正後》

　CがBに対し遺留分侵害額請求権を行使すると、金銭債権が発生するが、不動産や自社株の名義はそのままB単独所有のままとなり、何ら制約のない権利行使が可能となる。

　また、遺留分侵害額の支払いのための資金繰りも行うことが可能となる。

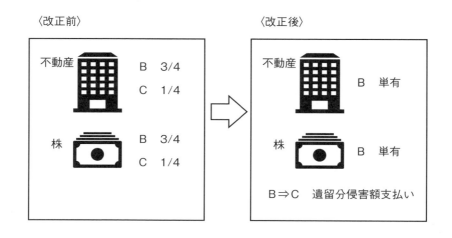

2　遺留分侵害額請求権の効力及び法的性質
（1）遺留分を侵害する遺贈又は贈与の目的物の現物給付の可否

　遺留分侵害額請求権につき規定する1046条は、「遺留分権利者及びその承継人は、受遺者又は受贈者に対し、遺留分侵害額に相当する金銭の支払を請求することができる」としており、例外の規定も存しないことから、遺留分権利者が行使することができる権利は、金銭債権に特定されており、遺留分権利者の側から、遺贈又は贈与の目的物の現物での給付を請求することはできないし、また、受遺者又は受贈者の側からも現物での給付を選択できないこととされた。

　受遺者又は受贈者からの現物での給付については、改正の過程において検討されたものの、受遺者又は受贈者に現物での給付の指定権を付与してしまうと、遺留分権利者が望まない財産を押し付けられるという懸念もあり、採用されなかった。

　したがって、受遺者又は受贈者は、遺留分侵害額を請求された場合に備えて、金銭を準備しておく必要が生じることとなる。

　なお、遺留分権利者と受遺者又は受贈者との間で、合意により代

物弁済として現物給付をすることは可能であると考えられるが、税務面で十分注意が必要である。この点については後述する。

(2) 遺留分侵害額請求権の法的性質
① 形成権としての遺留分侵害額請求権
　遺留分侵害額請求権は、権利行使（請求）をして初めて金銭債権が発生する形成権であり、この点では旧法と変わりない。
　そして、遺留分侵害額請求権は、遺留分権利者が相続の開始及び遺留分を侵害する贈与又は遺贈があったことを知った時から、1年間行使しないときは時効により消滅する（1048条前段）。また、相続開始の時から10年を経過した時も消滅する（1048条後段除斥期間）。こちらも旧法の取扱いから変更はない。

② 金銭債権になることによる遅延損害金の発生及び消滅時効の適用
　遺留分権利者は1048条の消滅期限内に形成権としての遺留分侵害額請求を行う必要があるが、その権利行使にあたっては金額を明示して行うことまでは要求されない。遺留分侵害額請求の意思を受遺者又は受贈者へ示せば足りる。これにより、期限の定めのない金銭債務が発生することとなる。
　その後、改めて遺留分権利者から受遺者又は受贈者に具体的な金額を明示して遺留分侵害額請求を行った時点で、履行の請求を行ったこととなり、受遺者又は受贈者がすぐに支払いが出来ない場合はその時点から履行遅滞に陥り（412条3項）、遅延損害金が発生することとなる（415条前段）。なお、履行期限を両者合意のもと別途設定した場合や後述の支払い時期の許与により履行期限が変更となった場合には、その履行期限の到来した時から履行遅滞となる（412条1項）。
　また、形成権としての遺留分侵害額請求を行うことによって生

じた金銭債権の消滅時効に関しては、通常の金銭債権と同様の取扱いとなる。したがって、債権法改正法施行（令和2年4月1日）前においては債権成立の時から10年間（167条1項）、債権法改正法施行（令和2年4月1日）後においては、5年間の消滅時効にかかることになる（債権法改正後の166条1項1号）。

3　受遺者又は受贈者の負担額

受遺者及び受贈者が複数名いる場合、誰が遺留分侵害額の負担を受けるのかという内容であり、旧法の遺留分減殺の順序及び割合の規定に相当するものである。これについては、特段内容に変更はなく、旧法の取扱いがそのまま移行されている。

> 受遺者又は受贈者は、遺贈※（特定財産承継遺言による財産の承継又は相続分の指定による遺産の取得を含む。）又は贈与の目的の価額を限度として、以下の定めに従い、遺留分侵害額を負担する。
> ①　受遺者と受贈者がいるときは、受遺者が先に負担する。
> ②　受遺者が複数いるとき、又は受贈者が複数いる場合においてその贈与が同時にされたときは、受遺者又は受贈者がその目的の価額の割合に応じて負担する（ただし、遺言で別段の定め可。）。
> ③　受贈者が複数いるとき（②の場合を除く。）は、後の贈与に係る受贈者から順次前の贈与に係る受贈者が負担する。

※　ここでいう遺贈には、特定財産承継遺言による財産の承継又は相続分の指定による遺産の取得を含むとされている。

「特定財産承継遺言（1014条2項）」とは、遺産に属する特定の財産を、相続人の一人又は数人に相続させることを定めた遺言である。

例えば、Ａ不動産を長男へ相続させる、という内容の遺言がそれ

にあたる。
　「相続分の指定（902条）」とは、遺言により、法定相続分と異なる相続分を指定すること又はその指定を第三者に委託することをいう。
　例えば、相続人が妻と子2人（A・B）であった場合に、妻へ全財産の3分の2、AとBには全財産の6分の1ずつを相続させる、といった遺言である。

　旧法上、遺留分減殺請求権は、遺贈又は贈与のみならず、これらの相続に関する遺言についても、行使できると解されていたためその明文化である。

4　裁判所による支払い期限の許与制度の新設
　遺留分侵害額請求権が金銭債権とされた一方で、受遺者又は受贈者が遺留分侵害額を支払うための金銭をすぐに準備できないという場合も当然発生するだろう。
　旧法下では、受遺者又は受贈者に原則どおり現物の返還を行うか、価額弁償するかどうかの決定権があったため（旧法1041条）、金銭での弁償ができないときは、現物の返還を選択するということが可能であったが、改正後は、そもそも金銭での支払いが原則であり、かつ、一方的に現物での給付をすることができないため、受遺者又は受贈者は金銭での遺留分侵害額相当額の支払いを迫られることとなる。
　加えて、遺留分侵害額請求がなされるタイミングは、もっぱら遺留分権利者に委ねられていることをも考慮すると、常に遺留分侵害額相当の金銭の準備を受遺者又は受贈者に求めるのはいささか酷な場合があり得るといえる。
　遺留分侵害額請求がなされた時点で、すぐに支払わなければならないとすると、せっかく相続した財産や遺贈又は贈与を受けた財産をすぐに手放さなければならないという事態も想定される。

そのような場合において受遺者又は受贈者を保護するため、その請求により、裁判所が遺留分侵害額の金銭債務の全部又は一部の支払いにつき、相当の期限を許与できる制度が新たに設けられた（1047条5項）。

　これにより、資金を調達する時間的猶予を得ることができ、一定程度、受遺者又は受贈者の保護に役立つこととなるだろう。ただし、相当の期限とされていることから、事例により期限の長さは異なることが想定され、どの程度の期限が許与されるのかについては、今後の運用を待つほかはないであろう。

5　施行日と経過措置

　遺留分に関する規定の施行日は、令和元年（2019年）7月1日である。

　経過措置の原則として、施行日前に開始した相続については旧法が適用される（改正法附則2条）ため、相続開始時が施行日後である必要がある。

実務への影響と対策

1　金銭債権化による共有状態の解消

　遺留分減殺請求が遺留分侵害額請求権という金銭債権になったことにより、不動産や株式など、旧法下では、共有状態が発生してしまっていた財産について、受遺者又は受贈者による単独での処分や運用が可能となり、権利関係が法的に安定することとなる。

　また、以前は共有となることにより、その後さらに相続が発生し共有関係が複雑となって放置されていた財産も発生していたが、今後発生する相続に関しては、遺留分減殺を理由とする共有状態は生じないため、当該理由により相続手続きがなされないまま放置される財産の減少も期待されるところである。

2 金銭債権化による資金対策の重要性の増加

　旧法では、受遺者又は受贈者が遺留分減殺請求に対する支払方法を選択できたため、金銭での支払い（価額弁済）が難しい場合は、現物の不動産や株式を共有とすれば良く、必ずしも金銭の準備は必要なかった。

　しかし、新法においては基本的に現物での給付が認められないため、受遺者又は受贈者は、遺留分侵害額を支払うための金銭の準備が必須となる。特に、遺留分侵害額が高額となる場合には、相続が開始する以前から遺言の段階において資金対策を立てることが必要であり、税務・法務のみならずそのあたりも含めた幅広いアドバイスが専門家に求められることになる。

　なお、投資や保険といった商品を利用して資金準備を行う場合には、相続はいつ発生するかわからないため、相続開始後すぐに現金化が可能な流動性の高い商品を検討しなければならない。

　遺言者が、受遺者又は受贈者が支払う遺留分侵害額の資金をも準備する場合、例えば、遺言者が自身を被保険者とする生命保険に加入し、死亡保険金の受取人を受遺者又は受贈者にすることで、受遺者又は受贈者は相続発生後すぐに現金を準備することが可能となる。死亡保険金は受取人固有の財産となり、相続人の確定等や遺産分割協議を行うことなく受取りが可能であるため、請求から受取りまでの期間が短いからである（書類に不備がなければ5営業日以内に支払うこととしている保険会社が多い。）。

　また、死亡保険金受取人が相続人である生命保険は、相続税における非課税限度額があり、相続税対策にもなる。

　　非課税限度額＝500万円×法定相続人の数

　上記金額については、相続税の課税価格から差し引くことができ、例えば推定相続人が3名いる場合で死亡保険金1,500万円以上の保険に加入することにより、相続財産を1,500万円圧縮することができる。

【事例２：保険を活用した具体例】

亡Ａの財産：自宅不動産（１億4,000万円）、預貯金（4,000万円）
　　　　　　相続財産の合計額＝１億8,000万円
相　続　人：妻、子Ｂ、Ｃ
遺言書の内容：全ての財産を妻へ

Ｂの遺留分＝１億8,000万円×1/2×1/4＝2,250万円
Ｃの遺留分＝１億8,000万円×1/2×1/4＝2,250万円
遺留分侵害額合計＝4,500万円
妻がＢ及びＣより遺留分侵害額の請求を受けた場合、預貯金4,000万円では遺留分侵害額に足りないため、自宅不動産を売却等しない場合、500万円は妻の持ち出しとなる。

＜死亡保険金2,000万円の生命保険に加入していた場合＞

亡Ａの財産：自宅不動産（１億4,000万円）、預貯金2,000万円、生
　　　　　　命保険2,000万円（受取人：妻）
相続（分割対象）財産の合計額
　　　　　　＝１億4,000万円＋2,000万円＝１億6,000万円
Ｂの遺留分＝１億6,000万円×1/2×1/4＝2,000万円
Ｃの遺留分＝１億6,500万円×1/2×1/4＝2,000万円
遺留分侵害額合計＝4,000万円

　妻がＢ及びＣより遺留分侵害額の請求を受けた場合であっても、相続財産として受け取った預貯金2,000万円と固有財産として受け取った死亡保険金2,000万円によって、遺留分侵害額の支払いは可能となる。
　ただし、固有財産であるとはいっても、相続財産全体からみて死亡保険金の占める割合があまりにも大きい場合には、特別受益とみられることもあるため注意が必要である。

3 代物弁済における税金の取扱い

　遺留分侵害額の支払いが生じた場合の相続税申告において、遺留分侵害額を支払った受遺者又は受贈者の取得財産（課税価格）からその支払った金額が差し引かれ、受遺者又は受贈者の相続税額は下がることとなる（その分、遺留分権利者の税額が上がることとなる）が、金銭ではなく、遺留分権利者と受遺者又は受贈者の合意により、遺贈又は贈与の目的物で代物弁済した場合の取扱いはどうなるのか。

　新法では遺留分侵害額の請求はあくまでも金銭での支払いと規定されている以上、一旦金銭で支払うこととなり（金銭債権が発生）、相続税の申告では上記と同様の取扱いとなる。つまり、代物弁済をしたとしても相続税申告上では金銭で支払ったこととなり、代物弁済をしても相続税額等に影響はない。しかし、相続税以外の税金がかかってくるので注意が必要である。

　例えば、不動産により代物弁済した場合には、遺留分権利者へ不動産を譲渡したこととなり、含み益について受遺者又は受贈者に譲渡所得税がかかることとなる。旧法下においては、相続財産である不動産に対し、遺留分減殺請求を受けたとしても譲渡にはあたらず、譲渡所得税が課税されることはなかった。

　また、遺留分権利者においては、相続により不動産を取得した場合にはかからなかった不動産取得税がかかることも留意したい。

国税庁「所得税基本通達」

法第33条（譲渡所得）関係
33－1の6（遺留分侵害額の請求に基づく金銭の支払に代えて行う資産の移転）　民法第1046条第1項《遺留分侵害額の請求》の規定による遺留分侵害額に相当する金銭の支払請求があった場合において、金銭の支払に代えて、その債務の全部又は一部の履行として資産（当該遺留分侵害額に相当する金銭の支払請求

の基因となった遺贈又は贈与により取得したものを含む。）の移転があったときは、その履行をした者は、原則として、その履行があった時においてその履行により消滅した債務の額に相当する価額により当該資産を譲渡したこととなる。
(注) 当該遺留分侵害額に相当する金銭の支払請求をした者が取得した資産の取得費については、38－7の2参照

法第38条（譲渡所得の金額の計算上控除する取得費）関係
38－7の2（遺留分侵害額の請求に基づく金銭の支払いに代えて移転を受けた資産の取得費） 民法第1046条第1項の規定による遺留分侵害額に相当する金銭の支払請求があった場合において、金銭の支払に代えて、その債務の全部又は一部の履行として資産の移転があったときは、その履行を受けた者は、原則として、その履行があった時においてその履行により消滅した債権の額に相当する価額により当該資産を取得したこととなる。

第2節　遺留分算定方法の見直し

改正のポイント

- 相続人に対する特別受益にあたる贈与は、相続開始前10年間にしたものに限り、遺留分を算定するための財産の価額に算入する
- 遺留分の算定方法、遺留分侵害額の算定方法の明文化
- 遺留分権利者が承継する債務は、法定相続分又は指定相続分に応じて承継する債務の額を遺留分侵害額の算定の際に加算する
- 遺留分侵害額を請求された受遺者又は受贈者が、遺留分権利者が承継する債務を負担した場合は、その消滅した債務の額の限度において、遺留分権利者に対する意思表示によって、遺留分侵害額の負担を消滅させることができる

旧法の取扱いと課題

1　相続人に対する生前贈与の取扱い

　旧法1030条により、贈与は、相続開始前1年間にしたものに限り、遺留分を算定するための財産の価額に算入するものとされていたが、相続人に対する特別受益にあたる贈与については、すべて旧法1044条において準用する903条の規定により遺留分算定の基礎となる財産に含まれるから、1030条の要件を満たさないものであっても、特段の事情のない限り遺留分減殺の対象となるとされていた（最判平成10年3月24日）。

　したがって、相続人に対する特別受益にあたる贈与は、過去にさかのぼって無限に、遺留分を算定するための財産の価額に算入されていた。

　また、遺留分算定基礎財産の算定基準時は、相続開始時の価額とさ

れ（最判昭和51年3月18日）、贈与時から年数が経過することによって、不動産や株式の価値が大きく上がってしまうこともあり得るところである。

　特に中小企業の自社株について、事業承継税制を使って、後継者（相続人）に生前贈与すると、先代の相続開始時には、相続人に対する特別受益として遺留分を算定するための財産の価額に算入されることとなるが、相続開始時までに、後継者の努力により株式価値が例えば10倍に上昇していた場合、遺留分を算定するための財産の価額は相続開始時を基準時として評価された上で、遺留分侵害額が算定されるため、自ら努力すればするほど、その分、遺留分減殺される額が大きくなって返ってくるという不合理な結果となり、円滑な事業承継を害するという問題が指摘されていた。

　この問題に対処するために、中小企業における経営の承継の円滑化に関する法律（経営承継円滑化法）により、遺留分に関する民法の特例として除外合意（同法4条1項1号）及び固定合意（同法4条1項2号）の制度が定められているが、本制度の利用には推定相続人全員の合意が必要とされているなど、現実的には活用することが困難な部分があり、抜本的な解決には至っていなかった。

【遺留分に関する民法特例】（経営承継円滑化法）
・除外合意（同法4条1項1号）
　一定の要件に該当する場合に、推定相続人全員の合意によって、生前贈与された自社株式等や事業用資産の全部又は一部について、その価額を遺留分算定の基礎財産に算入しないこと。
・固定合意（同法4条1項2号）
　一定の要件に該当する場合に、推定相続人全員の合意によって、生前贈与された自社株式等について、遺留分算定の基礎財産に算入すべき価額を当該合意の時における価額とすること。
・合意後、1か月以内に経済産業大臣に確認申請→確認書の交付→

当該確認を受けた日から1か月以内に家庭裁判所に許可申立てが必要である。

また、相続人でない第三者である受遺者又は受贈者にとっては、相続人しか知り得ない古い特別受益贈与による遺留分減殺請求により、不測の損害を被る可能性があり、法定安定性を害するおそれも指摘されていた。

2　負担付贈与の取り扱い

負担付贈与がされた場合については、その目的の価額から、負担する価額を控除したものについて、遺留分減殺を請求することができると規定されていた（旧法1038条）。

しかし、この規定が、遺留分を算定するための財産の価額の計算においても同様の取り扱いをする趣旨なのか（一部算入説）、遺留分を算定するための財産の価額の計算の際にはその目的財産の価額を全額算入しつつ、減殺の対象を負担の価額を控除した残額に限定した趣旨なのか（全額算入説）につき、見解が分かれていた。

【事例】

亡Ａの財産：預貯金6,000万円
相続人：子Ｂ及びＣ

Ａは、預貯金全額を第三者Ｚへ遺贈する旨の遺言をしている。
また生前にＢへ4,000万円を、2,000万円の債務負担付で贈与している。

この場合に、Ｃが遺留分を主張するケースを、一部算入説と全額算入説の両方で考えてみる。

＜一部算入説＞
　遺留分を算定するため財産の価額
　　＝6,000万円＋(4,000万円－2,000万円)＝8,000万円
　Cの遺留分侵害額
　　＝8,000万円×1/4＝2,000万円
　最終取得額
　　Z　6,000万円－2,000万円（遺留分減殺）＝4,000万円
　　B　4,000万円－2,000万円（債務）＝2,000万円
　　C　2,000万円（遺留分減殺により取得）

＜全部算入説＞
　遺留分を算定するための財産の価額
　　＝6,000万円＋4,000万円＝1億円
　Cの遺留分侵害額
　　＝1億円×1/4＝2,500万円
　最終取得額
　　Z　6,000万円－2,500万円（遺留分減殺）＝3,500万円
　　B　4,000万円－2,000万円（債務）＝2,000万円
　　C　2,500万円（遺留分減殺により取得）

　上記のように、全部算入説においては、贈与されたBよりも贈与を受けていないCの最終取得額が大きくなるという逆転現象が生じることとなる。

改正の内容

1 遺留分の算定方法の明文化
(1) 遺留分の算定方法の明文化

基本的には、旧法下において確立されていた計算方法を明文化したという改正である。

【1042条】

> 遺留分＝遺留分を算定するための財産の価額×2分の1（※）
> 　　　　×遺留分権利者の法定相続分

※　直系尊属のみが相続人であるときは、3分の1

【1043条、1044条】

> 遺留分を算定するための財産の価額＝
> 　　　被相続人が相続開始時に有した財産の価額
> 　　　＋贈与した財産の価額（※）－債務の全額

※　贈与は相続開始前1年間にしたものに限りその額を算入する（1044条1項前段）。

　ただし、当事者双方が遺留分権利者に損害を加えることを知って贈与をしたときは、1年前の日より前にした贈与の額も算入する（1044条1項後段）。

　相続人に対する贈与（婚姻若しくは養子縁組のため又は生計の資本として受けた贈与に限る。）は、相続開始前10年間にしたものに限り算入する（1044条3項）。当事者双方が遺留分権利者に損害を加えることを知って贈与をしたときは、10年前の日より前にした贈与の額も算入する（1044条3項）。

　「損害を加えることを知って」とは、遺留分権利者に損害を加

えるべき事実を知っていることで足り、加害の意思はいらないとされ（大判昭和4年6月22日）、また、法律の知不知や、誰が遺留分権利者であるかについての認識は不要である。

ただし、損害を加えることを知ってした贈与というためには、贈与当時に遺留分を侵害することを知っていただけでは足りず、「将来においても自己の財産が増加しないことの予見」の元で贈与がなされたことを必要とするとしている（大判昭和11年6月17日）。

遺留分権利者に損害を加えることを知ってした贈与か否かについては、「贈与財産の全財産に対する割合だけではなく、贈与の時期、贈与者の年齢、健康状態、職業などから将来財産が増加する可能性が少ないことを認識してなされた贈与であるか否かによるものと解すべき」とされている（東京地判昭和51年10月22日）。

いずれにせよ当事者双方が遺留分権利者に損害を加えることを知って贈与をしたことの立証責任は遺留分権利者側にあると考えられているが、その立証は容易ではないものと思われる。

（2）相続人に対する特別受益にあたる贈与の範囲に関する規律

前述のように、相続人に対する特別受益にあたる贈与につき、過去にさかのぼって無限に、遺留分を算定するための財産の価額に算入にされるものとすると様々な問題が指摘されていたため、今回の改正により、相続人に対する特別受益にあたる贈与については、相続開始前10年間にされたものに限り、遺留分を算定するための財産の価額に算入されることとなった（1044条3項）。

ただし、当事者双方が遺留分権利者に損害を与えることを知って贈与をしたときは、10年以上前の贈与の額も含まれるとされていることには注意が必要である（1044条3項）。

また、算入する贈与は、相続人に対するすべての贈与ではなく、あくまでも婚姻若しくは養子縁組のため又は生計の資本として受け

た贈与、すなわち特別受益（※）にあたる贈与に限定されている。

※　いわゆる特別受益とは、代表的には以下のようなものが挙げられる。
　① 　婚姻若しくは養子縁組のための贈与
　　　結婚や縁組の際の持参金や嫁入り道具など（結納金や結婚式の資金援助は該当しないとされているが、個別的な事例によるところもある）
　② 　生計の資本としての贈与
　　　居住用の不動産の贈与、居住用不動産の取得のための金銭の贈与、営業資金の贈与、月々の過剰な多額の送金（下記「東京家裁平成21年1月30日審判」参照）など

> 東京家裁平成21年1月30日審判
> 　被相続人から特定の相続人に、約2年の間、1か月に2万〜25万円の送金がなされていた場合に、1か月10万円を超える部分は生計の資本としての贈与に当たり、1か月10万円に満たない送金は親族間の扶養的金銭援助にとどまり生計の資本としての贈与には当たらないと判断した。

　本条により、相続人に対する生前贈与を相続開始より10年以上前に行った場合、原則として遺留分を算定するための財産の価額に算入されないこととなるため、早い段階で財産を相続人へ贈与するケースが増えることが想定される。特に前述のような事業承継における問題点を回避するためには、早い段階で自社株を贈与してしまうという判断も今後は重要となってくるであろう。

【具体例】

亡Ａの財産：預貯金２,０００万円のみであり、全額を子Ｂに相続させる旨の遺言がある 相　続　人：子Ｂ及びＣ
２００８年 　ＡからＢへ事業承継のため、自社株をＢへ譲渡した。 　　２００８年当時の自社株の評価額：１,０００万円 ２０２０年 　相続が発生 　　相続開始時の自社株の評価額：１億円

《改正前》
　遺留分を算定するための財産の価額
　　＝２,０００万円＋１億円＝１億２,０００万円
　Ｃの遺留分
　　＝１億２,０００万円×１／２×１／２＝３,０００万円

　ＣはＢに対して、３,０００万円の遺留分減殺請求ができ、Ｂは価額弁償を選択したとしても、相続した預貯金２,０００万円では、あと１,０００万円足りず、現金の持ち出しが必要になるか、現物の株式での返還をするしかないこととなる。

《改正後》
　自社株の贈与は相続開始の１０年以上前となるため、自社株の価額は遺留分を算定するための財産の価額には加算されない。

したがって、
遺留分を算定するための財産の価額
　＝2,000万円
Ｃの遺留分
　＝2,000万円×1/2×1/2＝500万円

　ＣはＢに対して、500万円の遺留分侵害額請求ができるに止まり、Ｂは、相続した預貯金2,000万円から支払うことができる。

（３）負担付贈与に関する規律

　前述のように旧法では、遺留分を算定するための財産の価額についても、その目的の価額から、負担の価額を控除するのか否かにつき、一部算入説と全部算入説に見解が分かれていたが、今回の改正により、負担付贈与がされた場合における遺留分を算定するための財産の価額は、その目的の価額から、負担の価額を控除した額とされ、一部算入説を採用することが明確となった（1045条1項）。

（４）不相当な対価による有償行為に関する規律

　不相当な対価をもってした有償行為とは、本来の時価に比べて低廉な価格で売却した場合などが該当する。不相当な対価による有償行為は、形式上は、遺留分を算定するための財産の価額に算入されないこととなってしまうが、贈与の実質を有するものに他ならず、遺留分制度の潜脱目的で当該行為がなされることを防ぐため、当事者双方が遺留分権利者に損害を加えることを知ってしたものに限り、当該不相当な対価を負担の価額とする負担付贈与とみなすこととした（1045条2項）。

2 遺留分侵害額の算定方法の明文化

遺留分侵害額の算定方法も明文化された（1046条2項）。
具体的には下記の計算式となる。

【遺留分侵害額計算式】

> 遺留分侵害額＝
>   遺留分－遺留分権利者が受けた特別受益の価額
>   －遺産分割の対象財産がある場合において遺留分権利者の具体的相続分に相当する価額（※）
>   ＋遺留分権利者がその相続分に応じて承継する債務の額

※ 「遺留分権利者の具体的相続分に相当する価額」とは900条から904条までの規定により算定した相続分に応じて遺留分権利者が取得すべき遺産の額をいう。
　すなわち、以下の①〜③により算出された相続分である。
　① 遺言書や特別受益がない場合には、法定相続分・代襲相続分（900条、901条）
　② 遺言による相続分の指定がある場合には、その指定に基づく相続分（902条）
　③ 特別受益がある場合はその特別受益を考慮したうえで算定された相続分（903条、904条）
　なお、寄与分は具体的相続分ではあってもここには含まれない。

　遺産分割の対象となるべき財産がある場合には、本来、遺産分割を行った後に相続する財産の額が確定することとなるが、遺産分割内容により受遺者及び受贈者の支払うべき遺留分侵害額が変動することとなり相当でないため、具体的相続分を基準とするものとされた。

したがって、遺留分侵害額の算定の際に、遺産分割が終了していた場合であっても、遺留分侵害額の算定においては、その遺産分割後の相続する財産の額ではなく、あくまでも上記①〜③により算定された具体的相続分により計算することとなる。

【具体例】

亡Aの財産：自宅不動産（評価額7,000万円）、預貯金3,000万円、
　　　　株式2,000万円　財産総額1億2,000万円
相続人：子B、C、D
遺言内容：Bに自宅不動産を相続させ、株式はDに相続させる
預貯金に関しては、遺言の定めがなく未分割の遺産共有財産

子1人あたりの遺留分
　　（7,000万円＋3,000万円＋2,000万円）×1/2×1/3
　　＝2,000万円……①
Cが請求できる遺留分侵害額
　　①－1,000万円（預貯金（分割対象財産）の法定相続分(1/3)）
　　＝1,000万円
Bの遺留分侵害額負担限度額
　　7,000万円（不動産）－2,000万円（Bの遺留分）
　　＝5,000万円
Dの遺留分侵害額負担限度額
　　2,000万円（株式）－2,000万円（Dの遺留分）
　　＝0円

CはBへ1,000万円の遺留分侵害額を請求することとなる。

3 遺留分侵害額の算定における債務の取扱い

(1) 遺留分侵害額の算定における債務の取扱い

　旧法においては明文がなかったため、遺留分侵害額の算定において加算すべき遺留分権利者が承継する債務の額につき、法定相続分による相続債務の額を算入するのか、それとも指定相続分による相続債務の額を算入するのかが不明確であった。

　判例は、法定相続分による相続債務の額ではなく、実際に遺留分権利者が承継する債務の額を算入すべきとして、後者の考え方をとっていた（最判平成21年3月24日）。

　そこで1046条2項3号は、遺留分侵害額の算定の際に加算する債務の額を、「第899条の規定により遺留分権利者が承継する債務」と規定した。899条は、各共同相続人は、その相続分に応じて被相続人の権利義務を承継する旨を定めるものであるから、したがって、法定相続分又は指定相続分に応じて遺留分権利者が承継する債務の額とすることとなり、判例の考え方を明文化したものである。

(2) 遺留分権利者が承継する債務について、債務消滅行為を行った場合の処理

　遺留分侵害額の請求を受けた受遺者又は受贈者が、遺留分権利者が承継する債務について、免責的債務引受、弁済その他の債務を消滅させる行為をしたときは、消滅した債務の額の限度において、遺留分権利者に対する意思表示によって、自己が負担すべき遺留分侵害額に相当する額の債務を消滅させることができるものとした（1047条3項前段）。

　また、この場合において、当該行為によって遺留分権利者に対して取得した求償権は、消滅した当該債務の額の限度において消滅するものとされた（1047条3項後段）。

　なお、この処理は一見して相殺と同様の処理のように見えるが、相殺するためには弁済期が到来していなければならないなど相殺適

状にあることを要するため、必ずしも相殺と同様とはいえない。

4 施行日と経過措置

遺留分に関する規定の施行日は、令和元年（2019年）7月1日である。

経過措置の原則として、施行日前に開始した相続については、旧法が適用される（改正法附則2条）ため、相続開始時が施行日後である必要がある。

実務への影響と対策

遺留分の算定方法に関する改正において、最も影響が大きいのは、相続人に対する特別受益にあたる贈与につき、遺留分を算定するための財産の価額に算入される範囲が、相続開始前10年間にされたものに限定されたことである（1044条3項）。これにより、より早く生前贈与を行うことが有効な遺留分対策となる。特に事業承継の場面に与える影響は大きい。事業承継税制とも相まって、今後自社株の贈与が増えることが予想される。

なお、事業承継にあたり自社株を承継させる場合においては、株価にもよるが、必ずしも贈与にこだわる必要はなく、現在の株価がそれ程高額ではないのであれば、ある程度の対価を払ってでも、相当な対価で売買により承継してしまえば、遺留分を算定するための財産の価額に算入されることはなくなるのであるから、遺留分対策としては、即効性もある有効な選択肢である。もっとも、不相当対価による有償行為（1045条2項）とされてしまうと例外的に算入されてしまうため、対価には注意を払う必要がある。

また、今回の改正においては、遺留分の算定方法及び遺留分侵害額の算定方法の明文化も行われている。旧法においては、これらの遺留分に関する算定方法につき、明文がない部分があり、判例の集積によ

り算定方法はある程度確立されてはいたが、議論の余地がある部分もあった。今回の改正による明文化により、遺留分に関する算定方法が分かりやすく明確となり、解釈上争いがあった部分につき立法的解決がなされている。これにより、遺留分に関する算定方法についての争いは一定程度減少するため、その意味では、遺留分に関する紛争解決の迅速化に寄与するものと言えよう。

チェックシート

1 現行法の遺留分制度
　現在の遺留分制度は、遺留分権利者が請求権を行使した時点で、行使された受遺者・相続人と遺留分権利者の間で【　　】状態が生じることとなる法律構成である（いわゆる「物件的効果」）。

＜事例＞
＜事例＞
亡Aの財産：自宅不動産（評価額7,000万円）、預貯金3,000万円、株式2,000万円　財産総額1億2,000万円
相続人：子B、C、D
遺言内容：Bに自宅不動産を相続させ、株式はDに相続させる
預貯金に関しては、遺言の定めがなく未分割の遺産共有財産

子1人あたりの遺留分
　　（7,000万円＋3,000万円＋2,000万円）×1/2×1/3
　　＝2,000万円……①
Cが請求できる遺留分侵害額
　　①－1,000万円(預貯金(分割対象財産)の【　　　　　】)
　　＝1,000万円
Bの遺留分侵害額負担限度額
　　7,000万円（不動産）－2,000万円（Bの【　　　】）
　　＝5,000万円
Dの遺留分侵害額負担限度額
　　2,000万円（株式）－2,000万円（Dの【　　　】）
　　＝0円

Cは【　　】へ【　　　　】の遺留分侵害額を請求することとなる。

※ 判例（最高裁昭和51年8月30日判決）
「価額弁償における価額算定の基準時は現実に弁償される時であり、遺留分権利者において当該価額弁償を請求する訴訟にあっては、現実に弁償される時にもっとも接着した時点としての事実審口頭弁論終結の時であると解するのが相当である」→共有状態における管理の意思決定はその【　】の割合ですることができる。
→ただし、処分は共有者【　】の合意がない限りできない。

2　遺留分侵害額請求権の新設

遺留分の請求は「金銭の支払い請求」に純化されることになった。遺留分減殺請求→遺留分【　】請求へとその請求権の呼び名も変わることになる（物件的効果から債権的効果へ）。

3　遺留分算定の改正（相続人に対する生前贈与の範囲について）

→判例（最判平10.3.24）により、この規定は相続人以外の第三者に対して贈与がされた場合に適用されるものであり、相続人に対して贈与がされた場合は、その【　】を問わず原則としてその全てが遺留分算定の基礎となる財産の価額に算入されるとされた。

→例えば、経営者一族においては、自社株式の生前贈与がこれにあたるとされて問題になっているところである（自社株式の生前贈与と遺留分について）。

・新法においては、相続人に対する贈与の範囲を【　】年にするとされた。

解答

1 現行法の遺留分制度

現在の遺留分制度は、遺留分権利者が請求権を行使した時点で、行使された受遺者・相続人と遺留分権利者の間で【共有】状態が生じることとなる法律構成である（いわゆる「物件的効果」）。

＜事例＞
亡Aの財産：自宅不動産（評価額7,000万円）、預貯金3,000万円、株式2,000万円　財産総額1億2,000万円
相続人：子B、C、D
遺言内容：Bに自宅不動産を相続させ、株式はDに相続させる
預貯金に関しては、遺言の定めがなく未分割の遺産共有財産

子1人あたりの遺留分
　　（7,000万円＋3,000万円＋2,000万円）×1/2×1/3
　＝2,000万円……①
Cが請求できる遺留分侵害額
　　①－1,000万円（預貯金（分割対象財産）の【法定相続分（1/3）】）
　＝1,000万円
Bの遺留分侵害額負担限度額
　　7,000万円（不動産）－2,000万円（Bの【遺留分】）
　＝5,000万円
Dの遺留分侵害額負担限度額
　　2,000万円（株式）－2,000万円（Dの【遺留分】）
　＝0円

Cは【B】へ【1,000万円】の遺留分侵害額を請求することとなる。

※ 判例（最高裁昭和51年８月30日判決）
「価額弁償における価額算定の基準時は現実に弁償される時であり，遺留分権利者において当該価額弁償を請求する訴訟にあっては，現実に弁償される時にもっとも接着した時点としての事実審口頭弁論終結の時であると解するのが相当である」→共有状態における管理の意思決定はその【過半数】の割合ですることができる。
　→ただし，処分は共有者【全員】の合意がない限りできない。

2　遺留分侵害額請求権の新設
遺留分の請求は「金銭の支払い請求」に純化されることになった。遺留分減殺請求→遺留分【支払い】請求へとその請求権の呼び名も変わることになる（物件的効果から債権的効果へ）。

3　遺留分算定の改正（相続人に対する生前贈与の範囲について）
　→判例（最判平10.3.24）により、この規定は相続人以外の第三者に対して贈与がされた場合に適用されるものであり、相続人に対して贈与がされた場合は、その【時期】を問わず原則としてその全てが遺留分算定の基礎となる財産の価額に算入されるとされた。
　→例えば、経営者一族においては、自社株式の生前贈与がこれにあたるとされて問題になっているところである（自社株式の生前贈与と遺留分について）。
・新法においては、相続人に対する贈与の範囲を【10】年にするとされた。

第5章

相続人と債権者の関係の明確化

第1節　積極財産の相続と対抗要件

改正のポイント

- 遺言により財産を取得した相続人も、対抗要件を備えなければ第三者に対抗できなくなる。
- 遺言又は遺産分割により債権を相続した場合、対抗要件を備えるための要件に例外規定が設けられた。

旧法の取扱いと課題

　売買等の通常の取引行為で財産権を取得した者は、自らが財産権を取得したことを第三者に対して主張するためには、対抗要件を備えることが求められる。これは旧法下でも明文で規定が存在し（177条・178条・467条）、改正前後を通して不変の民法の大原則である（対抗要件主義）。

　一方、相続や遺贈により財産権を取得した者が、自らが相続し、又は遺贈を受けたことにより財産権を取得したことを第三者に主張する場合は、前述の177条等の条文が適用されない。

　そのため、相続と対抗要件の問題は、判例による解釈の蓄積により法律関係を判断するほかなかった。

　この旧法下の相続と対抗要件の問題は、①法定相続により財産権を取得した場合、②遺産分割を経て財産権を取得した場合、③遺言により法定相続分を超過する財産権を取得した場合（注）の3つに分けて考えると改正の論点が見えやすい。

　（注）　遺言により法定相続分を超過する財産権を取得した場合とは、遺言により、ⅰ相続分の指定が行われた場合と、ⅱ遺産分割方法の指定が行われた場合とが考えられる。

前者 i は、民法で定められた法定相続分と異なる相続分を遺言者が指定する内容の遺言が作成された場合で、これにより本来の法定相続分よりも多く財産を相続する者と、少なく財産を相続する者が生じることとなる。

後者 ii は、新法において「特定財産承継遺言」（1014条2項）と定義づけられた、いわゆる相続させる旨の遺言が作成された場合である。

遺言者が特定の財産について、特定の相続人に相続させたいと考えた場合（例えば自宅を配偶者に相続させたい等）に作成される。

この遺言の内容は、単に相続分を指定するにとどまらず、具体的な遺産分割の方法をも決定するものである。その結果、本来の法定相続分よりも多く財産を相続する者と、少なく財産を相続する者が生じることとなる。

【相続と対抗要件の問題の整理】

> ①　法定相続により財産権を取得した場合
> ②　遺産分割を経て財産権を取得した場合
> ③　遺言により法定相続分を超過する財産権を取得した場合

①～③の場合の他にも、遺贈により財産権を取得した場合の論点が民法の改正前から存在するが、改正前後で結論は変わらず、通常の売買等の取引行為と同様の規範（177条・178条・467条）に基づき処理することとなる（最判昭和39年3月6日）ため、詳細は割愛する。

① **法定相続により財産権を取得した場合**

法定相続により財産権を取得した相続人は、何ら対抗要件を具備することなく当然に自らが取得した法定相続分の取得を第三者に対抗できることとされていた。（最判昭和38年2月22日）

ここでいう第三者とは、自分以外の相続人から、相続財産の全体

を譲り受けた者等をいう。

② **遺産分割により財産権を取得した場合**

　法定相続又は遺言による相続分の指定があった場合（前記（注）参照）、各相続人は相続財産全体を法定（又は指定）相続割合で共有することとなるため、具体的にどの財産をどの相続人が取得するかを定めるためには、別途、遺産分割が必要となる（906条〜）。

　この法定相続人間の遺産分割を経て、特定の財産権について自らの法定相続分を超える持分を取得した相続人がいる場合、その財産権の取得と対抗要件の問題を考えるためには、その財産権の取得を、（ア）法定相続割合に従い相続される部分の取得（以下、「法定相続による取得部分」という。）と、（イ）遺産分割により法定相続割合とは異なる相続がされる部分の取得（以下、「法定相続分を超過する取得部分」という。）に分けて考える必要がある。

【図1】

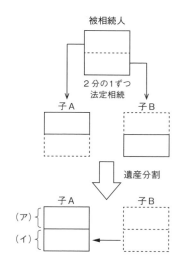

【図2】

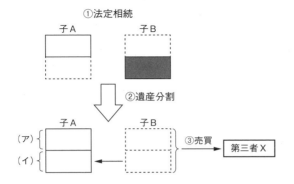

　【図1】のAは、(ア) 法定相続割合相当の部分の取得については、上記①(法定相続により取得した場合) と同様、何ら対抗要件を備えることなく、当然に第三者（遺産分割の結果、財産権を取得しなかった相続人（【図1】中のB）から当該財産権全体の譲渡を受けた者（【図2】中の第三者X）に対抗することができる。

　【図1】中のBは、Aの法定相続割合相当の部分について、初めから無権利者であり、第三者は、無権利者であるBから財産権を取得したこととなるため、子Aと、第三者Xとの間で財産権を取得した者（【図2】中の第三者X）との間で、対抗問題が生じず、常にAの権利が優先することとなる。

　一方、(イ) 法定相続分を超過する部分の取得を第三者に対抗するために、Aは、対抗要件を具備する必要がある（最判昭和46年1月26日）。

　遺産分割とは、第三者から見れば、各相続人が、一度法定相続分で取得した財産権について、相続発生後、その取得者を変更するものである。つまり、遺産分割の結果、財産権を取得しなかった相続人から、財産権を取得した相続人へ、財産権の移転があったと同じように考えることができ、二重譲渡に類似する法律関係ととらえら

れる。

　したがって、遺産分割による財産権の取得は、177条等に定める対抗要件を備えなければ、第三者に対抗することができないと考えられている。

　つまり、Aと第三者Xの関係では、（ア）法定相続割合相当の部分については、対抗問題は生じないが、（イ）法定相続分を超過する部分については、対抗問題が生じるということとなる。

③　遺言により法定相続分を超過する財産権を取得した場合

　遺言により法定相続分を超過する財産権を取得した場合（前記（注）の場合）に、その財産権の取得と対抗要件について考えるためには、②と同様、その財産権の取得を次のとおり２つに分けて考える必要がある。

　すなわち、その財産権の取得のうち、（ア）法定相続による取得部分の取得と（イ）法定相続分を超過する取得部分の取得に分けて考える。

【図３】

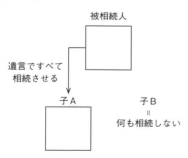

　子Aは、（ア）法定相続による取得部分の取得については、①と同様、何ら対抗要件を備えることなく、当然に第三者に対抗することができる。

ここでいう第三者とは、遺言により、財産権を取得しなかった相続人（【図3】中の子B）から当該財産権の譲渡を受けた者のことである。【図3】中の子Bは、子Aの法定相続による取得部分について、初めから無権利者であり、第三者は、無権利者から財産権を取得したこととなるため、財産権を取得した者との間で、対抗問題が生じない。

（イ）の法定相続分を超過する取得部分の取得についても、旧法下では、子Aは、何ら対抗要件を具備することなく、法定相続分を超過する財産権の取得を第三者に対抗することができるものとされていた（最判平成5年7月19日、最判平成14年6月10日）。

遺言による財産権の取得は、被相続人から直接相続人に財産権が移転することとなるため、その本質は、（ア）の法定相続分の取得と変わらず、対抗問題が生じないとされていた。

【具体的事例①】

被相続人が、相続人（甲及び乙）のうち、甲にすべての相続財産を相続させる旨の遺言を遺して死亡した場合、被相続人の死亡と同時にすべての相続財産は、甲が相続することとなる。しかし、被相続人が死亡した直後、その遺言の存在を知らない相続人乙が、相続財産のうち、A土地の自らの法定相続分に相当する持分を、第三者Xへ売却してしまった場合、遺言でA土地を相続した甲と第三者Xの利害調整が必要となる。

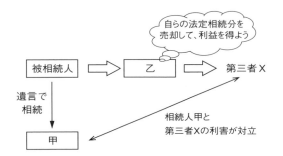

まず、この【具体的事例①】で甲が遺言により相続した財産権を、(ア) 法定相続による取得部分と (イ) 法定相続分を超過する取得部分に分けて考える。

　第三者Xが取得した（利害調整が必要な）持分は、遺言がなければ乙が相続していたはずの持分であるから (イ) 法定相続分を超過する取得部分といえる。

　判例に従えば、甲は、被相続人から直接A土地の全部を相続することとなるため、対抗要件（登記）を経由することなく、Xに対して、自らがA土地すべてを相続したことを対抗することができる。

　したがって、Xは、乙から購入したA土地持分の取得を甲に対抗することができず、損害を被ることとなる。

　乙及びXは遺言の存在を知らず、乙が法定相続によりA土地の2分の1（乙の法定相続分）を相続したと信じて同持分に関する取引を行ったが、結果としてXは保護されないこととなる。改正前の判例から考えれば、Xは、本件の取引の前提として、被相続人が遺言を遺しているのかどうかを調査し、遺言が存在しないことを確認してから、乙と取引をすべきであった。

　しかし、現実問題として、被相続人が遺言を遺しているかどうかを第三者が完全に調査することは不可能に近く、第三者にそのような調査の負担を負わせるのは円滑な取引の妨げになってしまう。

　このような問題点を受け、今回の民法改正に至った。

改正の内容

１　遺言により財産を取得した相続人も、対抗要件を備えなければ第三者に対抗できなくなる

　今回の改正で議論となったのは、上記の【具体的事例①】の論点である。

　前述のとおり、判例（最判平成5年7月19日）では、遺言により、

相続財産を相続するものとされた相続人（上記【具体的事例①】における甲）と、財産権を取得しなかった相続人から相続財産を取得した第三者（【具体的事例①】におけるＸ）との利害調整は、常に前者（甲）が優先される結論となっていた。

　第三者（Ｘ）がこのような不利益を避けるためには、取引の相手方（【具体的事例①】における乙）が、取引の目的となる財産を相続によって取得したことを知ることに加えて、その相続に関する遺言の存否や、遺言の内容を把握することまでが求められるが、それは、非常に困難を極めることが問題であった。

　そこで改正民法下では、第三者（Ｘ）の取引の安全に資するため、遺言により相続財産を法定相続分を超過して相続するものとされた相続人（甲）と、財産権を取得しなかった相続人から相続財産を取得した第三者（Ｘ）の利害調整は、すべて対抗要件の具備の先後によって処理すべきものとされた（新法899条の２第１項）。

【具体的事例②－遺言がある場合－】

　Ａ土地を所有している被相続人が、相続人（甲及び乙）のうち、甲のみにすべて相続財産を相続させる旨の遺言を遺し死亡した。その後、乙は、甲には内密に、第三者Ｘに対し、Ａ土地は自らがすべて相続する予定である旨の虚偽の説明をし、乙とＸとの間で、Ｘを買主とするＡ土地の売買契約が締結された。

　この場合、Ａ土地の所有権全部を相続した甲と、Ａ土地の全部を相続人乙から購入したＸとの間の利害調整が必要となる。

　まず、Ａ土地のうち、甲の法定相続分に相当する部分（持分２分の１）については、甲は、何ら登記を経ることなく、Ｘに対して自らが相続したことを対抗することができる。甲の法定相続分に相当する持分については、Ｘは初めから無権利者である乙から不動産を購入しており、甲との間では対抗関係とはならないからである。

次に、A土地のうち、甲の法定相続分を超過する部分（持分2分の1）については、甲とXのうち、先に自らの名義で登記を経た者がもう一方に対し、自らが所有権を取得した旨を対抗することができる（新法899条の2）。

このため、甲は、遺言を利用して自らの相続登記を急ぐこととなり、Xは、甲乙名義の相続登記及び乙からXへの売買による乙持分全部移転登記を急ぐこととなる（Xは、甲及び乙に相続登記への協力を求めることが難しい場合には、債権者代位により、相続登記を申請することが認められる。）。

なお、この事例において、乙が詐術を用いて売買契約を締結したことは、乙に対する不法行為・債務不履行の成立に影響することはあっても、甲とX間の対抗問題に影響を及ぼすことはない。

【具体的事例③－遺言がなく、遺産分割協議が成立した場合－】

A土地（時価1,000万円）及び現金1,000万円を所有している被相続人が、遺言を遺すことなく死亡した。相続人甲及び乙は、遺産分割協議により、A土地をすべて甲が、現金をすべて乙が相続する旨を決定した。その後、甲はA土地の相続登記を申請せず放置していた。相続登記が未登記であることを利用して、乙は、第三者Xに対して、A土地の全部を自らが相続する予定である旨の虚偽の説明をし、乙とXとの間で、Xを買主とするA土地の売買契約が締結された。

この場合、A土地の所有権全部を相続した甲と、A土地の全部を相続人乙から購入したXとの間の利害調整が必要となる。

まず、A土地のうち、甲の法定相続分に相当する部分（持分2分の1）については、甲は、何ら登記を経ることなく、Xに対して自らが相続したことを対抗することができる。甲の法定相続分に相当する持分については、Xは初めから無権利者である乙から不動産を購入しており、Aとの間では対抗関係とはならないからである。

次に、A土地のうち、甲の法定相続分を超過する部分（持分2分の1）については、甲とXのうち、先に自らの名義で登記を経たものがもう一方に対し、自らが所有権を取得した旨を対抗することができる（新法899条の2第1項）。

このため、甲は、遺産分割協議に基づき自らの相続登記を急ぐこととなり、Xは、甲乙名義の相続登記及び乙からXへの売買による乙持分全部移転登記を急ぐこととなる（Xは、甲及び乙に相続登記への協力を求めることが難しい場合には、債権者代位により、相続登記を申請することが認められる。）。

なお、この事例において、乙が詐術を用いて売買契約を締結したことは、乙に対する不法行為・債務不履行の成立に影響することはあっても、甲とX間の対抗問題に影響を及ぼすことはない。

2 遺言又は遺産分割により債権を相続した場合、対抗要件を備えるための要件に例外規定が創設された

前述のとおり、遺言や遺産分割により、法定相続分を超過する財産権を取得した相続人と第三者（財産権を相続しなかった相続人から、財産権の譲渡を受けた者）との利害調整は、対抗要件の具備の先後で決すべきものとされた（新法899条の2第1項）。

したがって、遺言や遺産分割により、法定相続分を超過する財産権を取得した相続人は、早急に、各財産権の種類に応じた対抗要件を具備する必要がある。

財産権に応じて、対抗要件の具備の方法は次の表のとおり異なっている。

財産権の種類	対抗要件の具備の方法
不動産	登記
動産	引渡し
債権	※後述

相続した財産権が金銭債権等の指名債権であった場合は、その債権を取得した相続人が対抗要件を備えるためには、①確定日付ある債務者の承諾を得るか、又は②債務者に対する確定日付ある相続人全員からの通知が必要となる（467条参照）。

通常、債権譲渡の対抗要件の具備のためには譲渡人から通知を行うべきだが、譲渡人に該当する者（被相続人）が既に死亡している相続の局面では、譲渡人の地位が相続人全員に移転しているため、通知の当事者が相続人全員となる。

また、相続人全員からの通知を行う場合には、相続人の範囲を明らかにする書面（戸籍等）を提示して行うべきとされる（「民法（債権関係）の改正に関する中間試案の補足説明」（平成25年4月・法務省民事局参事官室）p40）。

しかし、対抗要件を得る方法である①確定日付ある債務者の承諾、②債務者に対する確定日付ある相続人全員からの通知のいずれの方法であったとしても、債権を相続した者が単独では行えず、債務者又は他の相続人の協力を得る必要がある。

債務者や他の相続人の協力を得られない場合には、対抗要件を具備することができないこととなるため、前記①、②の方法のほかに、③債権を相続した者が、遺産分割又は遺言の内容を明らかにして債務者に確定日付ある通知をする方法（899条の2第2項）、④遺言執行者から、債務者に対して確定日付ある通知をする方法（1014条2項）の2つの特例が認められている。

③の方法で、債権を遺産分割により取得した場合には、相続人の範囲を明らかにする書面（戸籍等）と遺産分割協議書を提示して行われるものと考えられる。

また、③の方法で債権を遺言により取得した場合及び④の場合には、遺言書を提示して行われるものと考えられる。

いずれの場合にも確定日付のある証書（内容証明郵便や公証役場における確定日付を取得した書類等。民法施行法5条）にて、通知を行

う必要がある。

実務への影響と対策

　899条の2の新設により、遺産分割又は遺言により、法定相続分を超える財産権を取得した場合、対抗要件主義が採用されることとなり、相続人にとって、一日も早く対抗要件を備えることが、自らの権利を保護するために重要となる。

　相続が発生してから、不動産の相続登記などの対抗要件の具備を完了するまでの期間を、これまで以上に短縮する需要が強くなることは必至である。

　また、改正後においては、相続人が対抗要件を取得するまでの期間を短縮する手段として遺言を作成する場合、次の2点に留意すべきであろう。

　① 検認の必要ない作成方法によって作成すること。

　　自筆証書遺言により財産権を取得した者が、対抗要件を取得するためには、原則、検認（1004条）の手続きを行う必要がある。この検認の手続きには、相当の期間（約1か月程度）がかかるため、その間に第三者に対抗要件を具備されてしまう恐れがある。

　　その危険を避けるため、遺言の作成方法は、公正証書によるか、法務局による遺言書保管制度を利用し、検認の手続きが必要ないように配慮しておくことが好ましい。

　② 遺言の目的となる相続財産を特定して作成すること。

　　遺言を作成する場合に、しばしば、相続財産を特定せず、「遺言者が有する相続財産の全部」などと概括的に記載されることがある。

　　このような遺言により財産権を取得した相続人は、まず、どのような財産を被相続人が所有していたのかの調査を行うこととなる。

この調査のために要する期間（財産の種類や数にもよるが、数カ月かかる場合もあろう）が必要となるため、その調査の間に、被相続人の財産を知る別の相続人が第三者に当該財産を処分し対抗要件を備えられてしまう恐れがある。この調査に要する時間を省くため、遺言書に記載する財産は、なるべく具体的に特定して記載することが好ましい。

　通常の取引行為では、財産の譲渡の後、可及的速やかに対抗要件が具備されるのが一般的であるが、民法改正後においては、遺言又は遺産分割の局面においても対抗要件の具備の迅速さが求められることとなる。遺言の作成内容やその作成方法に十分留意しながら、相続対策を事前に行っておくのが肝要である。

チェックシート

- 法定相続により財産権を取得した相続人は、何ら【　　】を具備することなく当然に自らが取得した法定相続分の取得を第三者に【　　】できる。ここでいう第三者とは、【　　　　　】から、相続財産の全体を譲り受けた者等をいう。

- 遺産分割を経て、特定の財産権について自らの法定相続分を【　　】持分を取得した相続人がいる場合、【　　　】の部分の取得については、何ら【　　　】を備えることなく、当然に第三者に【　　】することができる。ここでいう第三者とは、遺産分割の結果、財産権を取得しなかった相続人から当該財産権の譲渡を受けた者のことである。

- 一方、【　　　　　　　　】部分の取得を第三者に【　　】するためには、【　　　】を具備する必要がある。つまり、相続人と第三者の関係では、【　　　　　　】の部分については、【　　】問題は生じないが、【　　　　　】部分については、【　　】問題が生じるということとなる。

- 指名債権を相続した場合における、【　　　】の具備の方法は、次の４つの方法がある。
    ① 債務者の【　　　】ある【　　　】を得る方法
    ② 債務者に対する【　　　】ある【　　　　】からの通知を行う方法
    ③ 【　　　　　　】が、遺産分割又は遺言の内容を明らかにして、債務者に【　　　】ある通知をする方法
    ④ 【　　　　】から、債務者に対して【　　　】ある通知をする方法

解答

- 法定相続により財産権を取得した相続人は、何ら【対抗要件】を具備することなく当然に自らが取得した法定相続分の取得を第三者に【対抗】できる。ここでいう第三者とは、【自分以外の相続人】から、相続財産の全体を譲り受けた者等をいう。

- 遺産分割を経て、特定の財産権について自らの法定相続分を【超える】持分を取得した相続人がいる場合、【法定相続割合相当】の部分の取得については、何ら【対抗要件】を備えることなく、当然に第三者に【対抗】することができる。ここでいう第三者とは、遺産分割の結果、財産権を取得しなかった相続人から当該財産権の譲渡を受けた者のことである。

- 一方、【法定相続分を超過する】部分の取得を第三者に【対抗】するためには、【対抗要件】を具備する必要がある。つまり、相続人と第三者の関係では、【法定相続割合相当】の部分については、【対抗】問題は生じないが、【法定相続分を超過する】部分については、【対抗】問題が生じるということとなる。

- 指名債権を相続した場合における、【対抗要件】の具備の方法は、次の4つの方法がある。
    ① 債務者の【確定日付】ある【承諾】を得る方法
    ② 債務者に対する【確定日付】ある【相続人全員】からの通知を行う方法
    ③ 【債権を相続した者】が、遺産分割又は遺言の内容を明らかにして、債務者に【確定日付】ある通知をする方法
    ④ 【遺言執行者】から、債務者に対して【確定日付】ある通知をする方法

第2節　消極財産の相続と債権者の権利行使

改正のポイント

- 債務（消極財産）についての相続分の指定は債権者を拘束せず、債権者は、法定相続割合に応じた部分について、各相続人に対し債務の履行を請求することができる（判例の明文化）。
- 債務（消極財産）についての相続分の指定について、債権者は承諾をすることができる（判例の明文化）。

旧法の取扱いと課題

　実務上、遺言者が負担する特定の債務を特定の相続人が負担すべき旨の遺言がなされる場合は少なくない。このような、被相続人が負担する債務を特定の相続人に相続させる旨の遺言は、通常債権者の関与なく作成されており、遺言の通り債務が承継されることとなれば、債権者の権利を害する結果となりかねない。

　したがって、改正前の民法下における判例は、「（前略）遺言による相続債務についての相続分の指定は、相続債務の債権者の関与なくされたものであるから、相続債権者に対してはその効力が及ばないものと解するのが相当であ」るとしている（最判平成21年3月24日）。

　また、同判例では、「相続債権者の方から相続債務についての相続分の指定の効力を承認し、各相続人に対し、指定相続分に応じた相続債務の履行を請求することは妨げられない」としており、債権者の承諾がある場合には、指定相続分による債務の承継を認めている。

改正の内容

1 債務（消極財産）についての相続分の指定は債権者を拘束せず、債権者は、法定相続割合に応じた部分について、各相続人に対し債務の履行を請求することができる（判例法理の明文化）

今回の改正では、前述の判例の趣旨が新法902条の2に反映され、明文化されることとなった。ただし、この規定はあくまで、相続分の指定を債権者に対して一方的に主張することができない旨を明記するものであり、相続人間の内部的な負担割合（※）を遺言で定めることは、改正前後を通して認められている。

※ 内部的な負担割合……債権者に対し、各相続人が法定相続分に応じて債務を弁済したのち、遺言で定められた負担割合に比べて債務を多く負担した相続人は、遺言によって債務を法定相続分を上回って負担すべきとされた相続人に対し、超過負担分を求償することができる。この場合の、遺言によって定められた負担割合は、あくまで相続人間の内部的な求償の際に意味を有するため、内部的な負担割合といわれる。

2 債務（消極財産）についての相続分の指定について、債権者は承諾をすることができる

遺言で指定された相続人間の内部的な負担割合を、債権者が積極的に承認すると、以後債権者は、遺言で指定された負担割合に拘束を受け、法定相続分による負担割合に基づき請求をすることができなくなる。この承認は、共同相続人のうち一人に対してされることで足りる。

また、この承認は、債権者が各相続人に対し、法定相続分に基づき債務の履行を請求し弁済を受けた場合でも、事後的に行うことが認められている。このように債権者が一部の弁済を受けたのち、遺言で指定された負担割合を承認した場合でも、それまでに行われた弁済の効力には、一切影響を及ぼさない。したがって、自らの負担部分を超過

して債務を負担した相続人は、他の相続人に対し求償することとなる。

【具体的事例④】

X銀行から1,000万円の融資を受けている債務者甲が死亡し、その権利義務を長男A及び次男Bが相続した。甲は生前に遺言を残しており、その内容は次のとおりであった。

> ・自分の相続財産のすべてを長男Aに相続させる。
> ・X銀行からの1,000万円の借り入れ債務についても、長男Aに相続させる。
>
> 長男Aと次男Bは、遺言書の通り相続手続きを行い、Bは、相続放棄や、Aに対する遺留分侵害額請求を行うことはしなかった。X銀行は、甲の指定した債務の負担割合を承認していない。

この事例では、遺言により、次男Bは甲の積極財産を一切承継しないこととなる。また、同遺言によれば、消極財産である甲の借入債務も承継しないことが明記されている。しかし、遺言による債務の負担割合の指定を債権者（X銀行）に対して主張することはできず、法定相続割合に基づく可分債務となるため、X銀行は長男Aに対して、500万円、次男Bに対して500万円の支払いをそれぞれ、請求することができる。

次男Bは積極財産を全く相続していないにも関わらず、X銀行からの500万円の請求を拒むことができない。ただし、遺言で消極財産の負担割合を指定することは、相続人間での内部的な負担割合としては有効に成立するため、次男BはX銀行に対して、債務の全部または一部の支払いをした場合には、長男Aに対して、自らが負担した部分に

ついて求償することができる。

　では、Ｘ銀行が、甲の指定した債務の負担割合を承認した場合はどうか。

　Ｘ銀行から見れば、積極財産を相続していない次男Ｂから500万円の返済を受けるより、1,000万円の積極財産を相続している長男Ａから返済を受ける方が、回収が容易であることも考えられる。Ｘ銀行が、甲の定めた負担割合の債務の承継（長男ＡがＸ銀行からの借入れをすべて相続する承継）を承認した場合には、次男ＢはＸ銀行から支払いを請求されることはなく、長男Ａが債務全額を負担することとなる。このＸ銀行の承認は、Ａ、Ｂどちらか一方にすれば足り、一度承認がされれば、すべての相続人に対してその効力を生じる。

実務への影響と対策

　改正前の判例法理を明文化した改正であるため、実務への影響は大きくないものと考えられる。

　上記【具体的事例④】のようなケースでは、銀行実務上、Ｘ銀行からの負担割合の承認がなされるのではなく、一度相続人全員（Ａ・Ｂ）が相続した債務を、ＡがＢから免責的債務引受を行うことが多い。

　本改正は、債務の負担割合の指定が被相続人により行われた場合、債権者に対しては影響を及ぼさないとする凡例を明文化するものである。ただし、債務負担割合の指定は、内部的な求償関係や、相続税を計算するために債務の負担割合を決定するうえでは、有効なものとして取り扱われる。

　したがって、遺言や遺産分割協議書に債務の負担割合を記載することは、債権者に対しては意味をなさないが、相続人間の求償関係及び相続税の計算上は、重要な意味を有することとなる。

チェックシート

　X銀行から1,000万円の融資を受けている債務者甲が死亡し、その権利義務を長男A及び次男Bが相続した。甲は生前に遺言を残しており、その内容は次のとおりであった。
・自分の相続財産のすべてを長男Aに相続させる。
・X銀行からの1,000万円の借り入れ債務についても、長男Aに相続させる。
　長男Aと次男Bは、遺言書の通り相続手続きを行い、Bは、相続放棄や、Aに対する遺留分侵害額請求を行うことはしなかった。X銀行は、甲の指定した債務の負担割合を承認していない。

　この事例では、遺言により、Bは甲の積極財産を一切承継しないこととなる。また、同遺言によれば、消極財産である甲の借り入れ債務も承継しないことが明記されている。しかし、遺言による債務の負担割合の指定を【　　　　】に対して主張することはできない。金銭債務は可分債務であるため、法定相続割合により各相続人が負担することとなり、X銀行は長男Aに対して、【　　　】、次男Bに対して【　　　】の支払いを、それぞれ請求することができる。
　Bは、X銀行からの【　　　】の請求を拒むことが【　　　】。ただし、遺言で消極財産の負担割合を指定することは、相続人間での【　　　】負担割合としては有効に成立するため、BはX銀行に対して、債務の全部または一部の支払いをした場合には、長男Aに対して、自らが負担した部分について【　　　】することができる。

では、X銀行が、甲の指定した債務の負担割合を【　】した場合はどうか。
　X銀行が、甲の定めた負担割合でも債務の承継（AがX銀行からの借り入れをすべて相続する承継）を【　】した場合には、【　】が債務全額を負担することとなる。このX銀行の【　】は、【　　　　　　　】すれば足り、一度【　】がされれば、すべての相続人に対してその効力を生じる。

解答

　X銀行から1,000万円の融資を受けている債務者甲が死亡し、その権利義務を長男A及び次男Bが相続した。甲は生前に遺言を残しており、その内容は次のとおりであった。
　・自分の相続財産のすべてを長男Aに相続させる。
　・X銀行からの1,000万円の借り入れ債務についても、長男Aに相続させる。
　長男Aと次男Bは、遺言書の通り相続手続きを行い、Bは、相続放棄や、Aに対する遺留分侵害額請求を行うことはしなかった。X銀行は、甲の指定した債務の負担割合を承認していない。

　この事例では、遺言により、Bは甲の積極財産を一切承継しないこととなる。また、同遺言によれば、消極財産である甲の借り入れ債務も承継しないことが明記されている。しかし、遺言による債務の負担割合の指定を【債権者（X銀行）】に対して主張することはできない。金銭債務は可分債務であるため、法定相続割合により各相続人が負担することとなり、X銀行は長男Aに対して【500万円】、次男Bに対して【500万円】の支払いを、それぞれ請求することができる。
　Bは、X銀行からの【500万円】の請求を拒むことが【できない】。ただし、遺言で消極財産の負担割合を指定することは、相続人間での【内部的な】負担割合としては有効に成立するため、BはX銀行に対して、債務の全部または一部の支払いをした場合には、長男Aに対して、自らが負担した部分について【求償】することができる。

では、X銀行が、甲の指定した債務の負担割合を【承認】した場合はどうか。
　X銀行が、甲の定めた負担割合でも債務の承継（AがX銀行からの借り入れをすべて相続する承継）を【承認】した場合には、【A】が債務全額を負担することとなる。このX銀行の【承認】は、【A、Bどちらか一方に】すれば足り、一度【承認】がされれば、すべての相続人に対してその効力を生じる。

第6章

相続人以外の貢献者を守る

改正のポイント

・被相続人の財産の維持、増加について特別の寄与をした親族（子の配偶者等）に、相続人に対する特別寄与料の請求権が認められた。

旧法の取扱いと課題

　改正前の民法下では、被相続人の療養看護などに貢献した者等に対する金銭的な補償の制度は、①寄与分制度、②特別縁故者制度のいずれかによるしかなかった。

　しかし、①・②ともに制度適用の要件が厳格であり、被相続人に貢献した者が適切な補償を受けられないという課題があった。

　具体的には、①の寄与分制度については、その権利（寄与分権）を行使できる者は相続人に限られているため、例えば、被相続人を献身的に介護した長男の配偶者等は、被相続人の相続権を有しないため要件を満たさず、適用の範囲外である。

　また、②の特別縁故者制度については、そもそも、被相続人に相続人が不存在であることを要件としているため、適用されること自体が多くない。

　このように、改正前の制度では、被相続人の子の配偶者が被相続人の介護の世話を献身的に行った場合等、被相続人の生前の生活に貢献した相続人以外の者への補償は不十分であった。

改正の内容

○　被相続人の財産の維持、増加について特別の寄与をした親族（子の配偶者等）に、相続人に対する特別寄与料の請求権が認められた。

改正前の寄与分制度の対象の範囲外であった相続人以外の親族にも、特別寄与料として、金銭的な補償の機会を与えた。

【特別寄与料のポイント】
① 特別寄与料を請求するための要件
　イ　無償で療養看護その他の労務の提供をしたこと。
　　　労務の提供は、無償であることが要件である。
　ロ　親族であること（相続人・相続放棄者・相続欠格者・被廃除者を除く。）
　　　相続人である者が特別の寄与を行っていた場合には、寄与分の請求を行うこととなる。
　ハ　相続人と特別寄与者との間で、特別寄与料の存否や額についての協議が調わない場合には、家庭裁判所に対し、協議に代わる処分を請求することができる。
　　　ただし、家庭裁判所に対する請求は、特別寄与者が相続の開始及び相続人を知った時から6か月、相続開始の時から1年経過した時には、行うことができない（新法1050②但書）。

② 効果
　イ　金銭の支払い請求権が生じる。
　　　寄与分の請求が行われた場合、寄与分権者と他の相続人との間では、寄与分を加味した相続分割合によって、相続財産の遺産共有状態が形成される。この共有状態を解消するためには、遺産分割協議を経る必要がある。
　　　一方、特別寄与料の請求が行われた際には、特別寄与者は単純な金銭請求権を取得するため、別途遺産分割協議は必要ない。
　ロ　特別寄与料の請求先である相続人が複数存する場合には、各相続人は、それぞれの相続分に応じて特別寄与料を負担する。

実務への影響と対策

　相続人以外の者にも、生前の被相続人への貢献について、金銭的な補償を受けることができるようになる。

　税務的な視点でみれば、特別寄与料を受け取った親族は、その受け取った特別寄与料を遺贈により取得したものとして、相続税を課税されることとなる。

　また、原則として、相続人以外の者が遺贈により財産を取得した場合の相続税2割加算のルールも適用されることとなる。

　相続税の申告期限は、相続の開始を知った日の翌日から10か月以内とされているが、当該申告期限内に特別寄与料が確定していないことが考えられる。そのような場合を想定して、特別寄与者の相続税申告の期限は、特別寄与料の支払額が確定したことを知った日の翌日から10か月以内とする規定が設けられた。

　一方、特別寄与料を負担した相続人は、特別寄与料を控除した相続財産について相続税が課税されることとなる。しかし、この場合にも相続税申告時に控除すべき特別寄与料が確定していないことが想定できるため、各相続人は負担しすぎた相続税の還付を受けるため、更正の請求を行うことができる。

チェックシート

① 今回の改正により、被相続人の財産の【　】、【　】について特別の寄与をした、相続人以外の【　】（子の配偶者等）に、特別寄与料の請求が認められることとなった。

② 特別寄与料を請求する場合、【　】で療養看護その他の労務を提供したこと、【　】（相続人・相続放棄者・相続欠格者・被廃除者を除く。）であること、が要件となる。

③ 相続人と特別寄与者との間で特別寄与料についての協議が整わない場合、特別寄与者は【　　】に対し、協議に代わる【　】を請求することができる。

④ ③の請求は、特別寄与者が相続の開始及び相続人を知った時から【　】か月経過後、又は相続開始から【　】年経過後は請求が不可となる。

⑤ 特別寄与料を支払うこととなる相続人は、それぞれの【　】に応じて負担する。

解答

① 今回の改正により、被相続人の財産の【維持】、【増加】について特別の寄与をした、相続人以外の【親族】（子の配偶者等）に、特別寄与料の請求が認められることとなった。

② 特別寄与料を請求する場合、【無償】で療養看護その他の労務を提供したこと、【親族】（相続人・相続放棄者・相続欠格者・被廃除者を除く。）であること、が要件となる。

③ 相続人と特別寄与者との間で特別寄与料についての協議が整わない場合、特別寄与者は【家庭裁判所】に対し、協議に代わる【処分】を請求することができる。

④ ③の請求は、特別寄与者が相続の開始及び相続人を知った時から【6】か月経過後、又は相続開始から【1】年経過後は請求が不可となる。

⑤ 特別寄与料を支払うこととなる相続人は、それぞれの【相続分】に応じて負担する。

巻末資料

改正民法新旧対照表

【新法】	【旧法】
（相続財産に関する費用） 第八百八十五条　相続財産に関する費用は、その財産の中から支弁する。ただし、相続人の過失によるものは、この限りでない。	（相続財産に関する費用） 第八百八十五条　相続財産に関する費用は、その財産の中から支弁する。ただし、相続人の過失によるものは、この限りでない。 ２　前項の費用は、遺留分権利者が贈与の減殺によって得た財産をもって支弁することを要しない。
<u>（共同相続における権利の承継の対抗要件）</u> <u>第八百九十九条の二　相続による権利の承継は、遺産の分割によるものかどうかにかかわらず、次条及び第九百一条の規定により算定した相続分を超える部分については、登記、登録その他の対抗要件を備えなければ、第三者に対抗することができない。</u> <u>２　前項の権利が債権である場合において、次条及び第九百一条の規定により算定した相続分を超えて当該債権を承継した共同相続人が当該債権に係る遺言の内容（遺産の分割により当該債権を承継した場合にあっては、当該債権に係る遺産の分割の内容）を明らかにして債務者にその承継の通知をしたときは、共同相続人の全員が債務</u>	（新設）

者に通知をしたものとみなして、同項の規定を適用する。	
（遺言による相続分の指定）	（遺言による相続分の指定）
第九百二条　被相続人は、前二条の規定にかかわらず、遺言で、共同相続人の相続分を定め、又はこれを定めることを第三者に委託することができる。	第九百二条　被相続人は、前二条の規定にかかわらず、遺言で、共同相続人の相続分を定め、又はこれを定めることを第三者に委託することができる。ただし、被相続人又は第三者は、遺留分に関する規定に違反することができない。
２　（略）	２　（同左）
（相続分の指定がある場合の債権者の権利の行使）	（新設）
第九百二条の二　被相続人が相続開始の時において有した債務の債権者は、前条の規定による相続分の指定がされた場合であっても、各共同相続人に対し、第九百条及び第九百一条の規定により算定した相続分に応じてその権利を行使することができる。ただし、その債権者が共同相続人の一人に対してその指定された相続分に応じた債務の承継を承認したときは、この限りでない。	
（特別受益者の相続分）	（特別受益者の相続分）
第九百三条　共同相続人中に、被相	第九百三条　共同相続人中に、被相

続人から、遺贈を受け、又は婚姻若しくは養子縁組のため若しくは生計の資本として贈与を受けた者があるときは、被相続人が相続開始の時において有した財産の価額にその贈与の価額を加えたものを相続財産とみなし、<u>第九百条から第九百二条までの規定により算定</u>した相続分の中からその遺贈又は贈与の価額を控除した残額をもってその者の相続分とする。 2　（略） 3　被相続人が前二項の規定と異なった意思を表示したときは、<u>その意思に従う。</u> <u>4　婚姻期間が二十年以上の夫婦の一方である被相続人が、他の一方に対し、その居住の用に供する建物又はその敷地について遺贈又は贈与をしたときは、当該被相続人は、その遺贈又は贈与について第一項の規定を適用しない旨の意思を表示したものと推定する。</u> 第九百四条　前条に規定する贈与の価額は、受贈者の行為によって、その目的である財産が滅失し、又はその価格の増減があったときで	続人から、遺贈を受け、又は婚姻若しくは養子縁組のため若しくは生計の資本として贈与を受けた者があるときは、被相続人が相続開始の時において有した財産の価額にその贈与の価額を加えたものを相続財産とみなし、<u>前三条の規定</u>により算定した相続分の中からその遺贈又は贈与の価額を控除した残額をもってその者の相続分とする。 2　（同左） 3　被相続人が前二項の規定と異なった意思を表示したときは、<u>その意思表示は、遺留分に関する規定に違反しない範囲内で、その効力を有する。</u> （新設） 第九百四条　前条に規定する贈与の価額は、受贈者の行為によって、その目的である財産が滅失し、又はその価格の増減があったときで

あっても、相続開始の時においてなお原状のままであるものとみなしてこれを定める。 (遺産の分割前に遺産に属する財産が処分された場合の遺産の範囲) 第九百六条の二　遺産の分割前に遺産に属する財産が処分された場合であっても、共同相続人は、その全員の同意により、当該処分された財産が遺産の分割時に遺産として存在するものとみなすことができる。 2　前項の規定にかかわらず、共同相続人の一人又は数人により同項の財産が処分されたときは、当該共同相続人については、同項の同意を得ることを要しない。 (遺産の分割の協議又は審判等) 第九百七条　共同相続人は、次条の規定により被相続人が遺言で禁じた場合を除き、いつでも、その協議で、遺産の全部又は一部の分割をすることができる。 2　遺産の分割について、共同相続人間に協議が調わないとき、又は協議をすることができないときは、各共同相続人は、その全部又は一部の分割を家庭裁判所に請求	あっても、相続開始の時においてなお原状のままであるものとみなしてこれを定める。 (新設) (遺産の分割の協議又は審判等) 第九百七条　共同相続人は、次条の規定により被相続人が遺言で禁じた場合を除き、いつでも、その協議で、遺産の分割をすることができる。 2　遺産の分割について、共同相続人間に協議が調わないとき、又は協議をすることができないときは、各共同相続人は、その分割を家庭裁判所に請求でき

することができる。ただし、遺産の一部を分割することにより他の共同相続人の利益を害するおそれがある場合におけるその一部の分割については、この限りでない。 3　前項本文の場合において特別の事由があるときは、家庭裁判所は、期間を定めて、遺産の全部又は一部について、その分割を禁ずることができる。	る。 3　前項の場合において特別の事由があるときは、家庭裁判所は、期間を定めて、遺産の全部又は一部について、その分割を禁ずることができる。
（遺産の分割前における預貯金債権の行使） 第九百九条の二　各共同相続人は、遺産に属する預貯金債権のうち相続開始の時の債権額の三分の一に第九百条及び第九百一条の規定により算定した当該共同相続人の相続分を乗じた額（標準的な当面の必要生計費、平均的な葬式の費用の額その他の事情を勘案して預貯金債権の債務者ごとに法務省令で定める額を限度とする。）については、単独でその権利を行使することができる。この場合において、当該権利の行使をした預貯金債権については、当該共同相続人が遺産の一部の分割によりこれを取得したものとみなす。	（新設）

（包括遺贈及び特定遺贈） 第九百六十四条　遺言者は、包括又は特定の名義で、その財産の全部又は一部を処分することができる。 （自筆証書遺言） 第九百六十八条　自筆証書によって遺言をするには、遺言者が、その全文、日付及び氏名を自書し、これに印を押さなければならない。 2　前項の規定にかかわらず、自筆証書にこれと一体のものとして相続財産（第九百九十七条第一項に規定する場合における同項に規定する権利を含む。）の全部又は一部の目録を添付する場合には、その目録については、自書することを要しない。この場合において、遺言者は、その目録の毎葉（自書によらない記載がその両面にある場合にあっては、その両面）に署名し、印を押さなければならない。 3　自筆証書（前項の目録を含む。）中の加除その他の変更は、遺言者が、その場所を指示し、これを変更した旨を付記して特にこれに署名し、かつ、その変更の場所に印を押さなければ、その効力を生じ	（包括遺贈及び特定遺贈） 第九百六十四条　遺言者は、包括又は特定の名義で、その財産の全部又は一部を処分することができる。ただし、遺留分に関する規定に違反することができない。 （自筆証書遺言） 第九百六十八条　自筆証書によって遺言をするには、遺言者が、その全文、日付及び氏名を自書し、これに印を押さなければならない。 （新設） 2　自筆証書中の加除その他の変更は、遺言者が、その場所を指示し、これを変更した旨を付記して特にこれに署名し、かつ、その変更の場所に印を押さなければ、その効力を生じない。

ない。 （秘密証書遺言） 第九百七十条　（略） 2　第九百六十八条<u>第三項</u>の規定は、秘密証書による遺言について準用する。 （普通の方式による遺言の規定の準用） 第九百八十二条　<u>第九百六十八条第三項</u>及び第九百七十三条から第九百七十五条までの規定は、第九百七十六条から前条までの規定による遺言について準用する。 <u>（遺贈義務者の引渡義務）</u> <u>第九百九十八条　遺贈義務者は、遺贈の目的である物又は権利を、相続開始の時（その後に当該物又は権利について遺贈の目的として特定した場合にあっては、その特定した時）の状態で引き渡し、又は移転する義務を負う。ただし、遺言者がその遺言に別段の意思を表示したときは、その意思に従う。</u> <u>（第三者の権利の目的である財産の</u>	（秘密証書遺言） 第九百七十条　（同左） 2　第九百六十八条<u>第二項</u>の規定は、秘密証書による遺言について準用する。 （普通の方式による遺言の規定の準用） 第九百八十二条　<u>第九百六十八条第二項</u>及び第九百七十三条から第九百七十五条までの規定は、第九百七十六条から前条までの規定による遺言について準用する。 <u>（不特定物の遺贈義務者の担保責任）</u> 第九百九十八条　<u>不特定物を遺贈の目的とした場合において、受遺者がこれにつき第三者から追奪を受けたときは、遺贈義務者は、これに対して、売主と同じく、担保の責任を負う。</u> 2　<u>不特定物を遺贈の目的とした場合において、物に瑕疵があったときは、遺贈義務者は、瑕疵のない物をもってこれに代えなければならない。</u> （第三者の権利の目的である財産の

遺贈） 第千条　削除	遺贈） 第千条　遺贈の目的である物又は権利が遺言者の死亡の時において第三者の権利の目的であるときは、受遺者は、遺贈義務者に対しその権利を消滅させるべき旨を請求することができない。ただし、遺言者がその遺言に反対の意思を表示したときは、この限りでない。
（遺言執行者の任務の開始） 第千七条　遺言執行者が就職を承諾したときは、直ちにその任務を行わなければならない。 2　遺言執行者は、その任務を開始したときは、遅滞なく、遺言の内容を相続人に通知しなければならない。	（遺言執行者の任務の開始） 第千七条　遺言執行者が就職を承諾したときは、直ちにその任務を行わなければならない。 （新設）
（遺言執行者の権利義務） 第千十二条　遺言執行者は、遺言の内容を実現するため、相続財産の管理その他遺言の執行に必要な一切の行為をする権利義務を有する。 2　遺言執行者がある場合には、遺贈の履行は、遺言執行者のみが行うことができる。 3　第六百四十四条から第六百四十七条まで及び第六百五十条の規定は、遺言執行者について準用する。	（遺言執行者の権利義務） 第千十二条　遺言執行者は、相続財産の管理その他遺言の執行に必要な一切の行為をする権利義務を有する。 （新設） 2　第六百四十四条から第六百四十七条まで及び第六百五十条の規定は、遺言執行者について準用する。

（遺言の執行の妨害行為の禁止） 第千十三条　遺言執行者がある場合には、相続人は、相続財産の処分その他遺言の執行を妨げるべき行為をすることができない。 <u>2　前項の規定に違反してした行為は、無効とする。ただし、これをもって善意の第三者に対抗することができない。</u> <u>3　前二項の規定は、相続人の債権者（相続債権者を含む。）が相続財産についてその権利を行使することを妨げない。</u>	（遺言の執行の妨害行為の禁止） 第千十三条　遺言執行者がある場合には、相続人は、相続財産の処分その他遺言の執行を妨げるべき行為をすることができない。 （新設） （新設）
（特定財産に関する遺言の執行） 第千十四条　前三条の規定は、遺言が相続財産のうち特定の財産に関する場合には、その財産についてのみ適用する。 <u>2　遺産の分割の方法の指定として遺産に属する特定の財産を共同相続人の一人又は数人に承継させる旨の遺言（以下「特定財産承継遺言」という。）があったときは、遺言執行者は、当該共同相続人が第八百九十九条の二第一項に規定する対抗要件を備えるために必要な行為をすることができる。</u> <u>3　前項の財産が預貯金債権である</u>	（特定財産に関する遺言の執行） 第千十四条　前三条の規定は、遺言が相続財産のうち特定の財産に関する場合には、その財産についてのみ適用する。 （新設） （新設）

場合には、遺言執行者は、同項に規定する行為のほか、その預金又は貯金の払戻しの請求及びその預金又は貯金に係る契約の解約の申入れをすることができる。ただし、解約の申入れについては、その預貯金債権の全部が特定財産承継遺言の目的である場合に限る。

4　前二項の規定にかかわらず、被相続人が遺言で別段の意思を表示したときは、その意思に従う。

（新設）

（遺言執行者の行為の効果）
第千十五条　遺言執行者がその権限内において遺言執行者であることを示してした行為は、相続人に対して直接にその効力を生ずる。

（遺言執行者の地位）
第千十五条　遺言執行者は、相続人の代理人とみなす。

（遺言執行者の復任権）
第千十六条　遺言執行者は、自己の責任で第三者にその任務を行わせることができる。ただし、遺言者がその遺言に別段の意思を表示したときは、その意思に従う。

2　前項本文の場合において、第三者に任務を行わせることについてやむを得ない事由があるときは、遺言執行者は、相続人に対してその選任及び監督についての責任の

（遺言執行者の復任権）
第千十六条　遺言執行者は、やむを得ない事由がなければ、第三者にその任務を行わせることができない。ただし、遺言者がその遺言に反対の意思を表示したときは、この限りでない。

2　遺言執行者が前項ただし書の規定により第三者にその任務を行わせる場合には、相続人に対して、第百五条に規定する責任を負う。

（撤回された遺言の効力）
第千二十五条　前三条の規定により撤回された遺言は、その撤回の行為が、撤回され、取り消され、又は効力を生じなくなるに至ったときであっても、その効力を回復しない。ただし、その行為が錯誤、詐欺又は強迫による場合は、この限りでない。

第八章　配偶者の居住の権利
　第一節　配偶者居住権
（配偶者居住権）
第千二十八条　被相続人の配偶者（以下この章において単に「配偶者」という。）は、被相続人の財産に属した建物に相続開始の時に居住していた場合において、次の各号のいずれかに該当するときは、その居住していた建物（以下この節において「居住建物」という。）の全部について無償で使用及び収益をする権利（以下この章において「配偶者居住権」という。）を取得する。ただし、被相続人が相続開始の時に居住建物を配偶者以外の者と共有していた場合にあっては、この限りでない。

（撤回された遺言の効力）
第千二十五条　前三条の規定により撤回された遺言は、その撤回の行為が、撤回され、取り消され、又は効力を生じなくなるに至ったときであっても、その効力を回復しない。ただし、その行為が詐欺又は強迫による場合は、この限りでない。

（新設）

一　遺産の分割によって配偶者居住権を取得するものとされたとき。
　二　配偶者居住権が遺贈の目的とされたとき。
2　居住建物が配偶者の財産に属することとなった場合であっても、他の者がその共有持分を有するときは、配偶者居住権は、消滅しない。
3　第九百三条第四項の規定は、配偶者居住権の遺贈について準用する。

(審判による配偶者居住権の取得)
第千二十九条　遺産の分割の請求を受けた家庭裁判所は、次に掲げる場合に限り、配偶者が配偶者居住権を取得する旨を定めることができる。
　一　共同相続人間に配偶者が配偶者居住権を取得することについて合意が成立しているとき。
　二　配偶者が家庭裁判所に対して配偶者居住権の取得を希望する旨を申し出た場合において、居住建物の所有者の受ける不利益の程度を考慮してもなお配偶者の生活を維持するために特に必要があると認めるとき（前号に

掲げる場合を除く。)。

(配偶者居住権の存続期間)
第千三十条　配偶者居住権の存続期間は、配偶者の終身の間とする。ただし、遺産の分割の協議若しくは遺言に別段の定めがあるとき、又は家庭裁判所が遺産の分割の審判において別段の定めをしたときは、その定めるところによる。

(配偶者居住権の登記等)
第千三十一条　居住建物の所有者は、配偶者(配偶者居住権を取得した配偶者に限る。以下この節において同じ。)に対し、配偶者居住権の設定の登記を備えさせる義務を負う。
2　第六百五条の規定は配偶者居住権について、第六百五条の四の規定は配偶者居住権の設定の登記を備えた場合について準用する。

(配偶者による使用及び収益)
第千三十二条　配偶者は、従前の用法に従い、善良な管理者の注意をもって、居住建物の使用及び収益をしなければならない。ただし、従前居住の用に供していなかった部分について、これを居住の用に

供することを妨げない。
2　配偶者居住権は、譲渡することができない。
3　配偶者は、居住建物の所有者の承諾を得なければ、居住建物の改築若しくは増築をし、又は第三者に居住建物の使用若しくは収益をさせることができない。
4　配偶者が第一項又は前項の規定に違反した場合において、居住建物の所有者が相当の期間を定めてその是正の催告をし、その期間内に是正がされないときは、居住建物の所有者は、当該配偶者に対する意思表示によって配偶者居住権を消滅させることができる。

（居住建物の修繕等）
第千三十三条　配偶者は、居住建物の使用及び収益に必要な修繕をすることができる。
2　居住建物の修繕が必要である場合において、配偶者が相当の期間内に必要な修繕をしないときは、居住建物の所有者は、その修繕をすることができる。
3　居住建物が修繕を要するとき（第一項の規定により配偶者が自らその修繕をするときを除く。）、又は居住建物について権利を主張

する者があるときは、配偶者は、居住建物の所有者に対し、遅滞なくその旨を通知しなければならない。ただし、居住建物の所有者が既にこれを知っているときは、この限りでない。

(居住建物の費用の負担)
第千三十四条　配偶者は、居住建物の通常の必要費を負担する。
2　第五百八十三条第二項の規定は、前項の通常の必要費以外の費用について準用する。

(居住建物の返還等)
第千三十五条　配偶者は、配偶者居住権が消滅したときは、居住建物の返還をしなければならない。ただし、配偶者が居住建物について共有持分を有する場合は、居住建物の所有者は、配偶者居住権が消滅したことを理由としては、居住建物の返還を求めることができない。
2　第五百九十九条第一項及び第二項並びに第六百二十一条の規定は、前項本文の規定により配偶者が相続の開始後に附属させた物がある居住建物又は相続の開始後に生じた損傷がある居住建物の返還

をする場合について準用する。

(使用貸借及び賃貸借の規定の準用)
第千三十六条　第五百九十七条第一項及び第三項、第六百条、第六百十三条並びに第六百十六条の二の規定は、配偶者居住権について準用する。

第二節　配偶者短期居住権
(配偶者短期居住権)
第千三十七条　配偶者は、被相続人の財産に属した建物に相続開始の時に無償で居住していた場合には、次の各号に掲げる区分に応じてそれぞれ当該各号に定める日までの間、その居住していた建物(以下この節において「居住建物」という。)の所有権を相続又は遺贈により取得した者(以下この節において「居住建物取得者」という。)に対し、居住建物について無償で使用する権利(居住建物の一部のみを無償で使用していた場合にあっては、その部分について無償で使用する権利。以下この節において「配偶者短期居住権」という。)を有する。ただし、配偶者が、相続開始の時において居住建物に係る配偶者居住権を取得し

たとき、又は第八百九十一条の規定に該当し若しくは廃除によってその相続権を失ったときは、この限りでない。
　二　居住建物について配偶者を含む共同相続人間で遺産の分割をすべき場合　遺産の分割により居住建物の帰属が確定した日又は相続開始の時から六箇月を経過する日のいずれか遅い日
　二　前号に掲げる場合以外の場合　第三項の申入れの日から六箇月を経過する日
２　前項本文の場合においては、居住建物取得者は、第三者に対する居住建物の譲渡その他の方法により配偶者の居住建物の使用を妨げてはならない。
３　居住建物取得者は、第一項第一号に掲げる場合を除くほか、いつでも配偶者短期居住権の消滅の申入れをすることができる。

（配偶者による使用）
第千三十八条　配偶者（配偶者短期居住権を有する配偶者に限る。以下この節において同じ。）は、従前の用法に従い、善良な管理者の注意をもって、居住建物の使用をしなければならない。

2 配偶者は、居住建物取得者の承諾を得なければ、第三者に居住建物の使用をさせることができない。

3 配偶者が前二項の規定に違反したときは、居住建物取得者は、当該配偶者に対する意思表示によって配偶者短期居住権を消滅させることができる。

(配偶者居住権の取得による配偶者短期居住権の消滅)

第千三十九条 配偶者が居住建物に係る配偶者居住権を取得したときは、配偶者短期居住権は、消滅する。

(居住建物の返還等)

第千四十条 配偶者は、前条に規定する場合を除き、配偶者短期居住権が消滅したときは、居住建物の返還をしなければならない。ただし、配偶者が居住建物について共有持分を有する場合は、居住建物取得者は、配偶者短期居住権が消滅したことを理由としては、居住建物の返還を求めることができない。

2 第五百九十九条第一項及び第二項並びに第六百二十一条の規定は、前項本文の規定により配偶者

が相続の開始後に附属させた物がある居住建物又は相続の開始後に生じた損傷がある居住建物の返還をする場合について準用する。 (使用貸借等の規定の準用) 第千四十一条　第五百九十七条第三項、第六百条、第六百十六条の二、第千三十二条第二項、第千三十三条及び第千三十四条の規定は、配偶者短期居住権について準用する。 第九章　遺留分 (遺留分の帰属及びその割合) 第千四十二条　兄弟姉妹以外の相続人は、遺留分として、次条第一項に規定する遺留分を算定するための財産の価額に次の各号に掲げる区分に応じてそれぞれ当該各号に定める割合を乗じた額を受ける。 　一　直系尊属のみが相続人である場合　三分の一 　二　前号に掲げる場合以外の場合　二分の一 2　相続人が数人ある場合には、前項各号に定める割合は、これらに第九百条及び第九百一条の規定により算定したその各自の相続分を	第八章　遺留分 (遺留分の帰属及びその割合) 第千二十八条　兄弟姉妹以外の相続人は、遺留分として次の各号に掲げる区分に応じてそれぞれ当該各号に定める割合に相当する額を受ける。 　一　直系尊属のみが相続人である場合　被相続人の財産の三分の一 　二　前号に掲げる場合以外の場合　被相続人の財産の二分の一 (新設)

乗じた割合とする。	
(遺留分を算定するための財産の価額)	(遺留分の算定)
第千四十三条　遺留分を算定するための財産の価額は、被相続人が相続開始の時において有した財産の価額にその贈与した財産の価額を加えた額から債務の全額を控除した額とする。	第千二十九条　遺留分は、被相続人が相続開始の時において有した財産の価額にその贈与した財産の価額を加えた額から債務の全額を控除してこれを算定する。
第千四十四条　贈与は、相続開始前の一年間にしたものに限り、前条の規定によりその価額を算入する。当事者双方が遺留分権利者に損害を加えることを知って贈与をしたときは、一年前の日より前にしたものについても、同様とする。	第千三十条　贈与は、相続開始前の一年間にしたものに限り、前条の規定によりその価額を算入する。当事者双方が遺留分権利者に損害を加えることを知って贈与をしたときは、一年前の日より前にしたものについても、同様とする。
2　第九百四条の規定は、前項に規定する贈与の価額について準用する。	(新設)
3　相続人に対する贈与についての第一項の規定の適用については、同項中「一年」とあるのは「十年」と、「価額」とあるのは「価額（婚姻若しくは養子縁組のため又は生計の資本として受けた贈与の価額に限る。）」とする。	(新設)
(削除)	(遺贈又は贈与の減殺請求)

（削除）	第千三十一条　遺留分権利者及びその承継人は、遺留分を保全するのに必要な限度で、遺贈及び前条に規定する贈与の減殺を請求することができる。 （条件付権利等の贈与又は遺贈の一部の減殺） 第千三十二条　条件付きの権利又は存続期間の不確定な権利を贈与又は遺贈の目的とした場合において、その贈与又は遺贈の一部を減殺すべきときは、遺留分権利者は、第千二十九条第二項の規定により定めた価格に従い、直ちにその残部の価額を受贈者又は受遺者に給付しなければならない。 （贈与と遺贈の減殺の順序） 第千三十三条　贈与は、遺贈を減殺した後でなければ、減殺することができない。 （遺贈の減殺の割合） 第千三十四条　遺贈は、その目的の価額の割合に応じて減殺する。ただし、遺言者がその遺言に別段の意思を表示したときは、その意思に従う。

	(贈与の減殺の順序) 第千三十五条　贈与の減殺は、後の贈与から順次前の贈与に対してする。 (受贈者による果実の返還) 第千三十六条　受贈者は、その返還すべき財産のほか、減殺の請求があった日以後の果実を返還しなければならない。 (受贈者の無資力による損失の負担) 第千三十七条　減殺を受けるべき受贈者の無資力によって生じた損失は、遺留分権利者の負担に帰する。 (負担付贈与の減殺請求) 第千三十八条　負担付贈与は、その目的の価額から負担の価額を控除したものについて、その減殺を請求することができる。
第千四十五条　負担付贈与がされた場合における第千四十三条第一項に規定する贈与した財産の価額は、その目的の価額から負担の価額を控除した額とする。 2　不相当な対価をもってした有償行為は、当事者双方が遺留分権利	(不相当な対価による有償行為) 第千三十九条　（新設） 　　不相当な対価をもってした有償行為は、当事者双方が遺留分権利

者に損害を加えることを知ってしたものに限り、当該対価を負担の価額とする負担付贈与とみなす。 （遺留分侵害額の請求） 第千四十六条　遺留分権利者及びその承継人は、受遺者（特定財産承継遺言により財産を承継し又は相続分の指定を受けた相続人を含む。以下この章において同じ。）又は受贈者に対し、遺留分侵害額に相当する金銭の支払を請求することができる。 2　遺留分侵害額は、第千四十二条の規定による遺留分から第一号及び第二号に掲げる額を控除し、これに第三号に掲げる額を加算して算定する。 　一　遺留分権利者が受けた遺贈又は第九百三条第一項に規定する贈与の価額 　二　第九百条から第九百二条まで、第九百三条及び第九百四条の規定により算定した相続分に応じて遺留分権利者が取得すべき遺産の価額 　三　被相続人が相続開始の時にお	者に損害を加えることを知ってしたものに限り、これを贈与とみなす。この場合において、遺留分権利者がその減殺を請求するときは、その対価を償還しなければならない。 （新設）

いて有した債務のうち、第八百九十九条の規定により遺留分権利者が承継する債務（次条第三項において「遺留分権利者承継債務」という。）の額	
（受遺者又は受贈者の負担額） 第千四十七条　受遺者又は受贈者は、次の各号の定めるところに従い、遺贈（特定財産承継遺言による財産の承継又は相続分の指定による遺産の取得を含む。以下この章において同じ。）又は贈与（遺留分を算定するための財産の価額に算入されるものに限る。以下この章において同じ。）の目的の価額（受遺者又は受贈者が相続人である場合にあっては、当該価額から第千四十二条の規定による遺留分として当該相続人が受けるべき額を控除した額）を限度として、遺留分侵害額を負担する。 一　受遺者と受贈者とがあるときは、受遺者が先に負担する。 二　受遺者が複数あるとき、又は受贈者が複数ある場合においてその贈与が同時にされたものであるときは、受遺者又は受贈者がその目的の価額の割合に応じて負担する。ただし、遺言者が	（新設）

その遺言に別段の意思を表示し
　　　たときは、その意思に従う。
　　三　受贈者が複数あるとき（前号
　　　に規定する場合を除く。）は、
　　　後の贈与に係る受贈者から順次
　　　前の贈与に係る受贈者が負担す
　　　る。
　2　第九百四条、第千四十三条第二
　　項及び第千四十五条の規定は、前
　　項に規定する遺贈又は贈与の目的
　　の価額について準用する。
　3　前条第一項の請求を受けた受遺
　　者又は受贈者は、遺留分権利者承
　　継債務について弁済その他の債務
　　を消滅させる行為をしたときは、
　　消滅した債務の額の限度において、
　　遺留分権利者に対する意思表示に
　　よって第一項の規定により負担す
　　る債務を消滅させることができる。
　　この場合において、当該行為によ
　　って遺留分権利者に対して取得し
　　た求償権は、消滅した当該債務の
　　額の限度において消滅する。
　4　受遺者又は受贈者の無資力によ
　　って生じた損失は、遺留分権利者
　　の負担に帰する。
　5　裁判所は、受遺者又は受贈者の
　　請求により、第一項の規定により
　　負担する債務の全部又は一部の支
　　払につき相当の期限を許与するこ

とができる。	
(削除)	第千四十条　減殺を受けるべき受贈者が贈与の目的を他人に譲り渡したときは、遺留分権利者にその価額を弁償しなければならない。ただし、譲受人が譲渡の時において遺留分権利者に損害を加えることを知っていたときは、遺留分権利者は、これに対しても減殺を請求することができる。 2　前項の規定は、受贈者が贈与の目的につき権利を設定した場合について準用する。
(削除)	(遺留分権利者に対する価額による弁償) 第千四十一条　受贈者及び受遺者は、減殺を受けるべき限度において、贈与又は遺贈の目的の価額を遺留分権利者に弁償して返還の義務を免れることができる。 2　前項の規定は、前条第一項ただし書の場合について準用する。
(遺留分侵害額請求権の期間の制限) 第千四十八条　遺留分侵害額の請求権は、遺留分権利者が、相続の開始及び遺留分を侵害する贈与又は遺贈があったことを知った時から	(減殺請求権の期間の制限) 第千四十二条　減殺の請求権は、遺留分権利者が、相続の開始及び減殺すべき贈与又は遺贈があったことを知った時から一年間行使しな

一年間行使しないときは、時効によって消滅する。相続開始の時から十年を経過したときも、同様とする。	いときは、時効によって消滅する。相続開始の時から十年を経過したときも、同様とする。
（遺留分の放棄） 第千四十九条　相続の開始前における遺留分の放棄は、家庭裁判所の許可を受けたときに限り、その効力を生ずる。	（遺留分の放棄） 第千四十三条　相続の開始前における遺留分の放棄は、家庭裁判所の許可を受けたときに限り、その効力を生ずる。
（削除）	<u>（代襲相続及び相続分の規定の準用）</u> <u>第千四十四条　第八百八十七第二項及び第三項、第九百条、第九百一条、第九百三条並びに第九百四条の規定は、遺留分について準用する。</u>
<u>第十章　特別の寄与</u> <u>第千五十条　被相続人に対して無償で療養看護その他の労務の提供をしたことにより被相続人の財産の維持又は増加について特別の寄与をした被相続人の親族（相続人、相続の放棄をした者及び第八百九十一条の規定に該当し又は廃除によってその相続権を失った者を除く。以下この条において「特別寄与者」という。）は、相続の開始後、相続人に対し、特別寄与者の</u>	（新設）

寄与に応じた額の金銭（以下この条において「特別寄与料」という。）の支払を請求することができる。

2　前項の規定による特別寄与料の支払について、当事者間に協議が調わないとき、又は協議をすることができないときは、特別寄与者は、家庭裁判所に対して協議に代わる処分を請求することができる。ただし、特別寄与者が相続の開始及び相続人を知った時から六箇月を経過したとき、又は相続開始の時から一年を経過したときは、この限りでない。

3　前項本文の場合には、家庭裁判所は、寄与の時期、方法及び程度、相続財産の額その他一切の事情を考慮して、特別寄与料の額を定める。

4　特別寄与料の額は、被相続人が相続開始の時において有した財産の価額から遺贈の価額を控除した残額を超えることができない。

5　相続人が数人ある場合には、各相続人は、特別寄与料の額に第九百条から第九百二条までの規定により算定した当該相続人の相続分を乗じた額を負担する。

■監修者

成田　一正（なりた　かずまさ）

税理士法人おおたか代表社員。公認会計士・税理士。大手監査法人を経て、平成元年に成田公認会計士事務所、平成23年に税理士法人おおたかを設立。事業承継をはじめ、株式公開や公益法人サポートなど、手掛ける業務は幅広い。著書に『事業承継・自社株対策の実践と手法』（日本法令）『中小企業経営者のための　新事業承継税制ハンドブック』（東京商工会議所）『Q＆A事業承継・自社株対策の実践と手法』（日本法令）ほか多数。JP税務戦略研究会筆頭顧問。

税理士法人おおたか

東京都中央区日本橋馬喰町1－1－2　ゼニットビル6F
　TEL：03(5640)6450
　ＨＰ：http://www.ootaka.or.jp/

■著者

森　賢治（もり　けんじ）　第1章担当

株式会社トリニティトラスト　資産コンサルティング部門マネージャー。
宅地建物取引士
中央大学法学部法律学科卒業後、一部上場不動産会社に入社。
戸建ての販売を中心とした不動産営業を経験後、もっと広い視点から不動産を扱ってみたいと思い、トリニティグループに転職。
一般個人の相続手続き、不動産決済といった司法書士業務を担当後、資産コンサルティング部門を立ち上げ。「相続×不動産法務×税務」等、多方位から顧客をサポート。

竹中　章（たけなか　あきら）　第2章担当

司法書士　司法書士法人トリニティグループ　企業法務部門マネージャー
株式会社サポートAtoZ アドバイザー
早稲田大学法学部卒。平成23年司法書士登録。
平成27年トリニティグループに入社。相続部門にて、数多くの相続案件を手がけ、現在、企業法務部門マネージャー。顧客の財産を守り安心を届けるという同グループのミッションのもと、相続、事業承継相談に従事中。
また、公認会計士、税理士、司法書士等による専門家組織、株式会社サポートAtoZに所属し、多数のM&A、組織再編、相続、事業承継手続きに関与している。

橋本　海（はしもと　かい）　第3章担当

行政書士法人トリニティグループ社員　行政書士。
高校卒業後、士業の道を志し飲食店のアルバイトを経て、平成29年度行政書士試験合格。
より顧客を満足させることが出来る環境を考え、平成30年トリニティグループに入社。
平成31年行政書士登録。
企業法務・相続等の司法書士業務、行政書士業務を中心に執務にあたる。
年間100件超の中小企業へのコンサルティングも手掛ける。

松田　光世（まつだ　みつよ）　第4章担当

行政書士法人トリニティグループ社員。行政書士。
生命保険会社勤務を経て、平成27年トリニティグループに入社。主に相続案件を担当。
年間に受ける顧客からの相談は120件以上。遺言書作成や相続に関するセミナーで講師を務め、おひとり様向けの死後事務委任等の対応にも力を入れる。顧客に寄り添うことをモットーとし、より多くの顧客のニーズに応えるべく税務や資産活用の知識を広げる。

水上　和巳（みずかみ　かずみ）　第5章・第6章担当

司法書士　司法書士法人トリニティグループ　横浜オフィス代表
平成26年に司法書士試験合格
税理士・会計士向け相続対策セミナーや、一般の顧客向けの生前対策セミナーなど年間数十件のセミナーに登壇し、受講者から数多くの相談を受け、分かりやすい説明には定評がある。相続対策の実務対応、書籍の執筆などを手掛けており、3,000名以上の税理士、会計士向けたメールマガジン「相続・事業承継メールマガジン」の執筆を担当し、購読者を増やし続けている。
税務、法務の知識を織り交ぜ、年間180件以上の相続対策の相談に対応。

司法書士法人トリニティグループ

HP：https://www.trinity-group.jp/
（東京本部）東京都港区新橋2-1-1　山口ビルディング9階
　　　　TEL：03（6268）8881
（大阪支部）大阪市北区梅田3-4-5　毎日新聞ビル4階
　　　　TEL：06（6131）8911
（横浜支部）横浜市西区北幸2-9-40　銀洋ビル906号室
　　　　TEL：045（620）8604

■編者

ＪＰコンサルタンツ・グループ

　経営連合化の下に先進会計事務所が専門力を結集させた会計人組織として平成20年に発足。幅広い顧客ニーズに対してワンストップサービス体制を整え、的確に解決策を見出す実践的な手法は評価が高い。組織の母体となる構成事務所は関東全域をはじめ、広く全国にわたり、税務戦略、業績改善、組織再編、相続事業承継対策などに多くの実績を有する。特に相続対策を始めとする資産税業務はグループの中核テーマと位置付け、税務対策全般から納税資金対策・土地活用・物納戦略・信託活用等に至るまで、その業務範囲は幅広い。さらに講演活動や執筆活動にも積極的に取り組む姿勢は、各方面から賞賛の声が寄せられている。

　　ＪＰコンサルタンツ・グループ統括本部
　　　東京都千代田区神田錦町3−21 CN304
　　　TEL：03（5259）8089　HP：http://www.jp-cg.jp/

民法相続法の改正が
相続実務に及ぼす影響と対策

令和元年12月 6日　印　刷		
令和元年12月12日　発　行	監修者	成田　一正
	編　者	ＪＰコンサルタンツ・グループ
	著　者	司法書士法人トリニティグループ
	発行者	鎌田　順雄

　　　　　　発行所　法令出版株式会社
　　　　　　　〒162-0822
　　　　　　　東京都新宿区下宮比町2−28−1114
　　　　　　　　TEL　03−6265−0826
　　　　　　　　FAX　03−6265−0827

乱丁・落丁はお取替えします。　禁無断転載　　印刷：モリモト印刷㈱
ISBN978-4-909600-13-4　C3033　　カバーデザイン：㈱ビークリエイト